ULTIMATIVNA KUHARICA OD KOROMAČA

Oslobodite okus i svestranost komorača uz 100 izvrsnih recepata

Lara Jurić

Materijal autorskih prava ©2024

Sva prava pridržana

Nijedan dio ove knjige ne smije se koristiti ili prenositi u bilo kojem obliku ili na bilo koji način bez odgovarajućeg pisanog pristanka izdavača i vlasnika autorskih prava, osim kratkih citata korištenih u recenziji. Ovu knjigu ne treba smatrati zamjenom za medicinske, pravne ili druge stručne savjete.

SADRŽAJ

SADRŽAJ 3
UVOD 6
DORUČAK 7
   1. Bagels od sjemena komorača i raži 8
   2. Tortas De Aceite 10
   3. Friteza za doručak 13
   4. Palačinke s pet začina 15
   5. Haš od komorača, kobasice i krumpira 17
   6. Fritata za doručak od komorača i rajčice 19
   7. Salata za doručak od komorača i dimljenog lososa 21
   8. Haš za doručak od komorača i kobasica 23
   9. Fritata za doručak od komorača i špinata 25
   10. Torta za doručak s komoračem i kozjim sirom 27
   11. Salata za doručak od komorača i jabuke 29
   12. Tost za doručak s komoračem i ricottom 31
   13. Fritata muffini za doručak s komoračem i krumpirom 33
GLICASE I PREDJELA 35
   14. Talijanski komorač Taralli 36
   15. Krekeri od komorača i luka 38
   16. Crostini od komorača i kozjeg sira 41
   17. Štapići komorača i mrkve s umakom od jogurta 43
   18. Bruschetta tapenada od komorača i maslina 45
   19. Salata od komorača i naranče 47
   20. Kanapei od komorača i dimljenog lososa 49
   21. Salsa od komorača i avokada 51
   22. Gljive punjene komoračem i ricottom 53
   23. Humus od komorača i slanutka 55
   24. Datulje punjene komoračem i kozjim sirom 57
   25. Crostini tapenade od komorača i sušenih rajčica 59
SENDVIČI I ZAMOTCI 61
   26. Tempura riblji burger s komoračem 62
   27. Sendvič s koromačem i piletinom na žaru 65
   28. Pureći hamburgeri od komorača i jabuka 67
   29. Omot od komorača i pečenog povrća 69
   30. Omotač od komorača i dimljenog lososa 71
   31. Pileći sendvič s komoračem i pestom 73
   32. Burger od komorača i bijelog graha 75
   33. Omotač od komorača i jabuke 77

    34. Panini od komorača i pečene govedine 79
GLAVNO JELO 81
    35. Slanom od naranče i komorača 82
    36. Španjolska skuša na žaru s jabukama i ciklom 84
    37. Piletina s bosiljkom i rižom u boji breskve 86
    38. Pita od piletine, poriluka i gljiva 88
    39. Koromač s gljivama i pršutom 91
    40. Ravioli od dimljenog lososa s pečenim lukom 94
    41. Curry od bundeve sa začinskim sjemenkama 98
    42. Tikva na žaru i pivske kobasice 100
    43. Paella od povrća i komorača 102
    44. Losos na žaru sa salatom od komorača 104
    45. Pizza s pečenim korijenima 106
    46. Rižoto od komorača s pistacijama 109
    47. Rižoto od komorača i graška 111
STRANE 113
    48. Gratinirani komorač s robiolom 114
    49. Šafran komorač sous vide 116
    50. Pečeni komorač s parmezanom 118
    51. Gratinirani komorač i krumpir 120
    52. Pirjani komorač s limunom i češnjakom 122
    53. Salata od komorača i naranče s rukolom 124
    54. Mješalica za prženje komorača i zelenog graha 126
    55. Kremasta juha od komorača i krumpira 128
    56. Salata od komorača i radiča s vinogretom od citrusa 130
    57. Pirjani komorač s češnjakom i limunom 132
    58. Slat od komorača i mrkve s vinaigretom od jabučnog jabukovače 134
    59. Salata od komorača i farroa s preljevom od limuna i trava 136
JUHE 138
    60. Juha od komorača s jestivim cvijećem 139
    61. Bouillabaisse od komorača od jastoga 141
    62. Talijanska pileća juha s raviolima 144
    63. Riblji paprikaš s čilijem 146
    64. Spirulina krem juha od cvjetače 148
    65. Kremasta juha od komorača i krumpira 150
    66. Juha od komorača i poriluka sa začinskim krutonima 152
    67. Juha od komorača i mrkve s đumbirom 154
    68. Kremasta juha od komorača i krumpira 156
    69. Začinjena juha od komorača i leće 158
    70. Juha od komorača i rajčice s pestom od bosiljka 160
SALATE 162
    71. Salata od cikorije i citrusa s naribanim komoračem 163
    72. Salata od tune i bijelog graha 165

73. Salata od komorača od repe 168
74. Goji ljetna salata 170
75. Salata od komorača i naranče s rukolom 172
76. Salata od obrijanog komorača i jabuka 174
77. Salata od komorača, rotkvice i citrusa s mentom 176
78. Salata od komorača, avokada i grejpa 178
79. Salata od komorača, cikle i kozjeg sira 180
80. Salata od citrusnog komorača s preljevom od meda i limete 182
81. Salata od komorača, nara i kvinoje 184

DESERT 186
82. Torta Tres Leches od komorača s ljetnim bobicama 187
83. Sufle od pečene kruške i plavog sira 191
84. Sorbet od komorača i naranče 194
85. Panna cotta od komorača i meda 196
86. Kolačići od prhkog tijesta od komorača i limuna 198
87. Torta od komorača i badema 200

ZAČINI 202
88. Ukiseljeni šipak, komorač i krastavac 203
89. Kiseli krastavac od komorača i manga 205
90. Komorač Ananas Kiseli krastavac 207
91. Kivi i kiseli krastavac od komorača 209
92. Chutney od komorača i jabuke 211
93. Marmelada od komorača i naranče 213
94. Zalogaj od komorača i senfa 215

PIĆA 217
95. Limunada od malina i komorača... 218
96. Ruža, dinja i koromač za osvježenje 220
97. Čaj od kamilice i komorača 222
98. Kombucha od naranče i komorača 224
99. Čaj od sjemenki lavande i komorača 226
100. Karminativni čaj od sjemenki komorača 228

ZAKLJUČAK 230

UVOD

Dobrodošli u "Ultimativna Kuharica Od Koromača", gdje vas pozivamo da krenete na kulinarsko putovanje kako biste oslobodili okus i svestranost komorača kroz 100 slatkih recepata. Komorač, sa svojim prepoznatljivim okusom nalik na sladić i hrskavom teksturom, svestran je i podcijenjen sastojak koji dodaje dubinu i složenost širokom rasponu jela. U ovoj kuharici slavimo kulinarski potencijal komorača, prikazujući njegov jedinstveni profil okusa u tradicionalnim i inovativnim receptima.

U ovoj kuharici otkrit ćete mnoštvo recepata koji ističu izvrstan okus i svestranost komorača. Od osvježavajućih salata i aromatičnih juha do slanih glavnih jela i dekadentnih deserata, svaki recept osmišljen je kako bi prikazao raznoliku kulinarsku primjenu ovog omiljenog sastojka. Bez obzira jeste li iskusni kuhar ili kuhar kod kuće koji želi eksperimentirati s novim okusima, u ovoj kolekciji svatko može uživati u nečemu.

Ono što izdvaja " Ultimativna Kuharica Od Koromača " je naglasak na kreativnosti i istraživanju. Iako se komorač često koristi kao pomoćni igrač u jelima, ova ga kuharica stavlja u središte pozornosti, dopuštajući njegovom jedinstvenom okusu da zablista u raznim kulinarskim kontekstima. S uputama koje je lako slijediti i korisnim savjetima bit ćete nadahnuti da uključite komorač u svoj kuharski repertoar na uzbudljive nove načine, dodajući dubinu i složenost svojim omiljenim jelima.

U ovoj kuharici pronaći ćete praktične savjete o odabiru, čuvanju i pripremi komorača, kao i zapanjujuće fotografije koje će vas nadahnuti za vaše kulinarske kreacije. Bilo da kuhate za radnu večeru, zabavljate goste ili se jednostavno prepuštate ukusnom obroku kod kuće, " Ultimativna Kuharica Od Koromača " ima sve što vam je potrebno da maksimalno iskoristite ovaj svestrani i ukusni sastojak.

DORUČAK

1.Bagels od sjemena komorača i raži

SASTOJCI:
- 2 šalice brašna za kruh
- 1 šalica raženog brašna
- 1 žlica sjemenki komorača
- 1 žlica soli
- 1 žlica aktivnog suhog kvasca
- 1 žlica meda
- 1 ½ šalice tople vode
- Kukuruzno brašno za posipanje

UPUTE:
a) U velikoj zdjeli za miješanje pomiješajte krušno brašno, raženo brašno, sjemenke komorača, sol i kvasac.
b) Dodajte med i toplu vodu i miješajte dok se ne dobije ljepljivo tijesto.
c) Tijesto mijesite na pobrašnjenoj površini 10-15 minuta, dok ne postane glatko i elastično.
d) Stavite tijesto u namašćenu zdjelu i prekrijte plastičnom folijom. Ostavite da se diže na toplom 1 sat.
e) Zagrijte pećnicu na 425°F (220°C) i zakuhajte veliki lonac vode.
f) Tijesto podijelite na 5 jednakih dijelova i oblikujte ih u pecile. Bagele stavite na lim za pečenje posut kukuruznom krupom.
g) Bagele kuhajte 2 minute sa svake strane pa ih vratite u lim za pečenje.
h) Premažite bagele vodom od jaja i po želji pospite dodatnim sjemenkama kima.
i) Bagele pecite 20-25 minuta, dok ne porumene i budu pečeni.

2.Tortas De Aceite

SASTOJCI:
- 1 ½ do 2 ½ šalice talijanskog 00 brašna ili brašna za kolače
- 1 žličica morske soli
- 2 žličice sjemena komorača
- ½ šalice španjolskog ekstra djevičanskog maslinovog ulja plus još za limove za pečenje
- ⅔ šalice tople vode
- 3 žlice sirovog šećera plus dodatno za posipanje
- 2 žličice aktivnog suhog ili instant kvasca
- Slastičarski šećer za posipanje
- Univerzalno brašno za radnu površinu
- 1 veći bjelanjak istučen

UPUTE:
a) Zagrijte pećnicu na 450°F (230°C).
b) U velikoj zdjeli pomiješajte 1 ½ šalicu brašna (180 g), sol i sjemenke komorača.
c) Ulijte ulje u posudu za mjerenje ili drugu posudu s vodom, umiješajte šećer i kvasac i dobro promiješajte. Ostavite nekoliko minuta dok ne postane pjenasto.
d) Napravite udubljenje u sredini smjese brašna i polako ulijevajte smjesu kvasca, koristeći vilicu postupno umiješajući brašno. Kad se sve počne spajati, rukama zamijesite glatko tijesto. Ako je tijesto ljepljivo, dodajte malo ili svu preostalu šalicu brašna, malo po malo, dok ne dobijete glatko tijesto. Sasvim je moguće da ćete trebati dodati najmanje ½ šalice pa čak i punu 1 šalicu.
e) Lagano nauljite 2 velika lima za pečenje, a zatim ih pospite slastičarskim šećerom. Čistu radnu površinu i valjak lagano pobrašnite višenamjenskim brašnom.
f) Tijesto podijelite na 12 komada jednake veličine i svaki oblikujte u kuglu. Razvaljajte svaku lopticu dok ne postane gotovo prozirna i promjera otprilike 4 inča.
g) Svaku tortu stavite na lim za pečenje i lagano premažite tučenim bjelanjkom. Tijesto najprije lagano pospite slastičarskim šećerom, a zatim s malo sirovog šećera.
h) Pecite 5 do 12 minuta, ili dok ne postanu zlatne i hrskave. Pažljivo promatrajte torte jer mogu izgorjeti za nekoliko sekundi.
i) Torte odmah premjestite na rešetke da se ohlade i postanu hrskave.
j) Konzumirajte toplo ili na sobnoj temperaturi. Torte će se raspasti u ljuskastu ljupkost dok ih zagrizete, a zatim će se brzo otopiti u slatko ništavilo u roku od nekoliko sekundi. Tako lijepo.

3. Friteza za doručak

SASTOJCI:
- 1 lb. Mljevena kobasica
- 1 žličica sjemena komorača
- 1 zelena paprika narezana na kockice
- ½ šalice Colby Jack sira, nasjeckanog
- ¼ šalice luka, narezanog na kockice
- 8 tučenih cijelih jaja
- ½ žličice soli češnjaka

UPUTE:
a) Koristeći funkciju za tavu na zračnoj fritezi, dodajte luk i papar i kuhajte zajedno s mljevenom kobasicom dok povrće ne omekša, a kobasica bude kuhana.
b) Koristeći tavu Air Fryer, poprskajte je neljepljivim sprejom za kuhanje.
c) Na dno posude stavite smjesu za mljevene kobasice. Odozgo pospite sirom.
d) Umućena jaja ravnomjerno prelijte preko sira i kobasice.
e) Dodajte sjeme komorača i sol češnjaka i kuhajte 15 minuta na 390 stupnjeva.

4.Palačinke s pet začina

SASTOJCI:
- 1 šalica višenamjenskog brašna
- 2 žlice granuliranog šećera
- 1 žličica praška za pecivo
- ½ žličice sode bikarbone
- ¼ žličice soli
- ½ žličice mljevenog cimeta
- ½ žličice mljevenog đumbira
- ¼ žličice mljevenog klinčića
- ¼ žličice mljevenih sjemenki komorača
- ¼ žličice mljevenog zvjezdastog anisa
- 1 šalica mlaćenice
- ½ šalice mlijeka
- 1 veliko jaje
- 2 žlice otopljenog maslaca

UPUTE:
a) U velikoj zdjeli pomiješajte brašno, šećer, prašak za pecivo, sodu bikarbonu, sol, cimet, đumbir, klinčiće, sjemenke komorača i zvjezdasti anis.
b) U drugoj zdjeli pjenjačom izmiješajte mlaćenicu, mlijeko, jaje i otopljeni maslac.
c) Ulijte mokre sastojke u suhe sastojke i miješajte dok se ne sjedine.
d) Zagrijte neprijanjajuću tavu ili rešetku na srednje jakoj vatri i lagano je namastite.
e) Ulijte ¼ šalice tijesta na tavu za svaku palačinku. Kuhajte dok se na površini ne stvore mjehurići, zatim okrenite i kuhajte još 1-2 minute.
f) Ponovite s preostalim tijestom. Poslužite palačinke posute šećerom u prahu i malo meda.

5. Haš od komorača, kobasice i krumpira

SASTOJCI:
- 1 lukovica komorača, tanko narezana
- 2 krumpira, narezana na kockice
- 1 luk, narezan na kockice
- 2 češnja češnjaka, mljevena
- 2-3 talijanske kobasice bez crijeva
- Posolite i popaprite po ukusu
- Maslinovo ulje za kuhanje
- Svježe začinsko bilje (poput peršina ili majčine dušice), nasjeckano (po želji)
- Jaja (po želji, za posluživanje)

UPUTE:
a) Zagrijte maslinovo ulje u velikoj tavi na srednje jakoj vatri. Dodajte krumpire narezane na kockice i kuhajte dok ne počnu rumeniti, oko 8-10 minuta.
b) U tavu dodajte narezani komorač, luk narezan na kockice i nasjeckani češnjak. Kuhajte uz povremeno miješanje dok povrće ne omekša i lagano se karamelizira, oko 8-10 minuta.
c) U međuvremenu, u drugoj tavi, kuhajte talijanske kobasice na srednjoj vatri, lomeći ih na manje komade žlicom, dok ne porumene i skuhaju se.
d) Nakon što je povrće kuhano i kobasice porumene, pomiješajte ih u tavi s povrćem. Dobro promiješajte da se sjedini i začinite solju i paprom po ukusu.
e) Po želji u hasu napraviti udubljenja i u njih razbiti jaja. Poklopite šerpu i kuhajte dok se jaja ne skuhaju po vašoj želji.
f) Poslužite komorač, kobasicu i hašiš od krumpira vruće, po želji ukrašeno nasjeckanim svježim začinskim biljem.

6. Fritata za doručak od komorača i rajčice

SASTOJCI:
- 1 lukovica komorača, tanko narezana
- 1 luk narezan na tanke ploške
- 2 rajčice, narezane na kockice
- 6 jaja
- 1/4 šalice mlijeka ili vrhnja
- Posolite i popaprite po ukusu
- Maslinovo ulje za kuhanje
- Naribani sir (kao što je parmezan ili cheddar), po želji

UPUTE:
a) Zagrijte pećnicu na 350°F (175°C).
b) Zagrijte maslinovo ulje u tavi za pećnicu na srednje jakoj vatri. Dodajte narezani komorač i luk u tavu i kuhajte dok ne omekšaju i lagano se karameliziraju, oko 8-10 minuta.
c) Dodajte rajčice narezane na kockice u tavu i kuhajte još 2-3 minute.
d) U zdjeli za miješanje umutite jaja, mlijeko ili vrhnje, sol i papar.
e) Prelijte smjesu jaja preko povrća u tavi, pazeći da je ravnomjerno raspoređeno.
f) Kuhajte fritaju na ploči štednjaka 3-4 minute, dok se rubovi ne počnu stvrdnjavati.
g) Po želji pospite naribani sir po vrhu fritaje.
h) Prebacite tavu u prethodno zagrijanu pećnicu i pecite 12-15 minuta, ili dok se fritaja ne stegne i lagano zazlati na vrhu.
i) Izvadite iz pećnice i pustite da se malo ohladi prije rezanja i posluživanja.

7.Salata za doručak od komorača i dimljenog lososa

SASTOJCI:
- 1 lukovica komorača, tanko narezana
- 1 jabuka, tanko narezana
- 4 oz dimljenog lososa, narezanog na kriške
- 2 šalice miješanog zeleniša
- 1/4 šalice nasjeckanih oraha ili badema
- Sok od 1 limuna
- Maslinovo ulje
- Posolite i popaprite po ukusu

UPUTE:
a) U velikoj zdjeli pomiješajte narezani komorač, jabuku, miješano povrće i nasjeckane orahe.
b) Salatu pokapajte maslinovim uljem i limunovim sokom, te začinite solju i paprom po ukusu. Lagano promiješajte da se sjedini.
c) Podijelite salatu na tanjure za posluživanje i nadjenite svaku porciju ploškama dimljenog lososa.
d) Salatu za doručak od komorača i dimljenog lososa poslužite odmah uz omiljeni kruh za doručak ili tost po želji.

8. Haš za doručak od komorača i kobasica

SASTOJCI:
- 1 žlica maslinovog ulja
- Kobasicu za doručak od 1 funta, skinuta ovojnica
- 1 veći krumpir, narezan na kockice
- 1 manji luk, narezan na kockice
- 1 lukovica komorača, tanko narezana
- 1 žličica sjemenki komorača
- Sol i papar, po ukusu
- 4 jaja
- Svježi peršin, nasjeckani (za ukras)

UPUTE:

a) Zagrijte maslinovo ulje u velikoj tavi na srednje jakoj vatri. Dodajte kobasicu za doručak i kuhajte, rastavljajući je žlicom, dok ne porumeni i kuha se.

b) Dodajte krumpir narezan na kockice u tavu i kuhajte dok ne porumeni i omekša, povremeno miješajući.

c) Umiješajte luk narezan na kockice i narezanu glavicu komorača. Kuhajte dok ne omekša.

d) Dodajte sjemenke komorača, sol i papar po ukusu. Kuhajte još 2-3 minute da se okusi prožmu.

e) Napravite četiri jažice u smjesi hash i razbijte jaje u svaku jažicu. Pokrijte tavu i kuhajte dok jaja ne budu pečena na željenu razinu.

f) Hašiš za doručak poslužite vruć, ukrašen svježim nasjeckanim peršinom.

9. Fritata za doručak od komorača i špinata

SASTOJCI:
- 8 jaja
- 1 lukovica komorača, tanko narezana
- 2 šalice mladog lišća špinata
- 1/2 šalice ribanog parmezana
- 2 žlice maslinovog ulja
- Sol i papar, po ukusu

UPUTE:
a) Zagrijte pećnicu na 375°F (190°C).
b) Zagrijte maslinovo ulje u tavi za pećnicu na srednje jakoj vatri. Dodajte narezani komorač i kuhajte dok ne omekša, oko 5 minuta.
c) U tavu dodajte listove mladog špinata i kuhajte dok ne uvenu.
d) U zdjeli umutite jaja, naribani parmezan, sol i papar.
e) Ulijte smjesu jaja u tavu na kuhani komorač i špinat. Lagano promiješajte da se sastojci ravnomjerno rasporede.
f) Kuhajte fritaju na ploči štednjaka 3-4 minute dok se rubovi ne počnu stvrdnjavati.
g) Prebacite tavu u prethodno zagrijanu pećnicu i pecite 10-12 minuta, ili dok se fritaja ne stegne i ne porumeni na vrhu.
h) Izvadite iz pećnice i pustite da se malo ohladi prije rezanja i posluživanja.

10. Torta za doručak s komoračem i kozjim sirom

SASTOJCI:
- 1 list smrznutog lisnatog tijesta, odmrznut
- 1 lukovica komorača, tanko narezana
- 4 unce kozjeg sira, izmrvljenog
- 2 žlice meda
- Listići svježeg timijana, za ukras
- Sol i papar, po ukusu

UPUTE:
a) Zagrijte pećnicu na 400°F (200°C).
b) Odmrznuto lisnato tijesto razvaljajte na malo pobrašnjenoj površini u pravokutnik. Prebacite ga u pleh obložen papirom za pečenje.
c) Po lisnatom tijestu rasporedite tanko narezani komorač, ostavljajući obrub po rubovima.
d) Ravnomjerno pospite izmrvljeni kozji sir preko kriški komorača. Prelijte medom po vrhu.
e) Začinite solju i paprom po ukusu.
f) Pecite u prethodno zagrijanoj pećnici 20-25 minuta ili dok tijesto ne porumeni, a nadjev se karamelizira.
g) Izvadite iz pećnice i ostavite da se malo ohladi. Prije posluživanja ukrasite listićima svježeg timijana. Narežite na ploške i uživajte toplo ili na sobnoj temperaturi.

11. Salata za doručak od komorača i jabuke

SASTOJCI:
- 1 lukovica komorača, tanko narezana
- 1 jabuka, tanko narezana
- 1/4 šalice nasjeckanih prženih oraha
- 2 žlice svježeg soka od limuna
- 1 žlica meda
- 2 žlice ekstra djevičanskog maslinovog ulja
- Sol i papar, po ukusu
- Listovi svježeg peršina ili komorača, za ukras

UPUTE:
a) U velikoj zdjeli pomiješajte narezani komorač, narezanu jabuku i pržene orahe.
b) U maloj posudi pomiješajte svježi limunov sok, med, ekstra djevičansko maslinovo ulje, sol i papar kako biste napravili preljev.
c) Prelijte preljev preko sastojaka salate i promiješajte da se ravnomjerno prekrije.
d) Prije posluživanja salatu ukrasite listovima svježeg peršina ili komorača.

12.Tost za doručak s komoračem i ricottom

SASTOJCI:
- 4 kriške kruha od cjelovitog zrna, prepečenog
- 1 lukovica komorača, tanko narezana
- 1/2 šalice ricotta sira
- Korica od 1 limuna
- 1 žlica nasjeckanog svježeg kopra
- Sol i papar, po ukusu
- Maslinovo ulje, za podlijevanje

UPUTE:
a) U maloj zdjeli pomiješajte ricotta sir, koricu limuna, nasjeckani svježi kopar, sol i papar.
b) Ravnomjerno rasporedite smjesu ricotte na prepečene kriške kruha od cjelovitog zrna.
c) Nadjenite svaki tost tanko narezanim komoračem.
d) Pokapajte maslinovim uljem i po želji pospite dodatnom soli i paprom.
e) Tostove za doručak s komoračem i ricottom poslužite odmah.

13. Fritata muffini za doručak s komoračem i krumpirom

SASTOJCI:

- 6 velikih jaja
- 1 lukovica komorača, sitno narezana
- 1 manji krumpir, oguljen i narezan na kockice
- 1/4 šalice ribanog parmezana
- 2 žlice nasjeckanog svježeg peršina
- Sol i papar, po ukusu
- Sprej za kuhanje ili maslinovo ulje, za podmazivanje kalupa za muffine

UPUTE:

a) Zagrijte pećnicu na 375°F (190°C). Kalup za muffine namažite sprejom za kuhanje ili maslinovim uljem.
b) U zdjeli umutite jaja, naribani parmezan, nasjeckani svježi peršin, sol i papar.
c) Sitno narezani komorač i krumpir ravnomjerno rasporedite po kalupima za muffine.
d) Prelijte smjesu jaja preko komorača i krumpira u svakoj posudi za muffine, puneći gotovo do vrha.
e) Pecite u prethodno zagrijanoj pećnici 20-25 minuta ili dok se frittata muffini ne stvrdnu i porumene na vrhu.
f) Izvadite iz pećnice i pustite da se malo ohladi prije vađenja iz kalupa za muffine. Poslužite toplo ili na sobnoj temperaturi.

GLICASE I PREDJELA

14.Talijanski komorač Taralli

SASTOJCI:
- 3 šalice višenamjenskog brašna
- 1 žličica soli
- 1 žličica crnog papra
- 1 žličica sjemenki komorača
- ¼ šalice ekstra djevičanskog maslinovog ulja
- 1 šalica suhog bijelog vina

UPUTE:
a) Zagrijte pećnicu na 350°F (175°C) i obložite lim za pečenje papirom za pečenje.
b) U velikoj zdjeli pomiješajte brašno, sol, crni papar i sjemenke komorača.
c) Dodajte maslinovo ulje u zdjelu i miješajte dok se dobro ne sjedini.
d) Postupno dodajte bijelo vino, miješajte dok se ne dobije tijesto.
e) Okrenite tijesto na pobrašnjenu površinu i mijesite nekoliko minuta dok ne postane glatko.
f) Podijelite tijesto na male komadiće i svaki dio razvaljajte u oblik užeta, debljine oko ½ inča i duljine 4-6 inča.
g) Svaki konop oblikujte u oblik pereca, pritišćući krajeve zajedno da se pričvrste.
h) Stavite perece na pripremljeni lim za pečenje.
i) Pecite 20-25 minuta ili dok ne porumene.
j) Ostavite taralli da se ohladi prije posluživanja.

15. Krekeri od komorača i luka

SASTOJCI:
- 2 šalice višenamjenskog brašna
- 2 žlice sjemenki komorača
- 1½ žličice soli
- 1 žličica crnog papra
- ¼ šalice plus 2 žlice masti
- 2 žlice (¼ štapića) maslaca ili margarina, omekšalog
- 1¼ šalice mljevenog luka (otprilike jedna srednja glavica luka)
- 2 žlice vode

UPUTE:
a) Zagrijte pećnicu na 375°F (190°C).
b) Započnite grubim mljevenjem sjemenki komorača. Možete koristiti mlin za hranu, blender ili ih usitniti ručno nožem. Možda ćete htjeti samljeti veću količinu kako biste ih imali pri ruci za buduće recepte. Ako želite jači okus komorača, sameljite dodatne sjemenke koje ćete posuti po vrhu krekera.
c) U multipraktiku ili velikoj zdjeli za miješanje pomiješajte višenamjensko brašno, mljevene sjemenke komorača, sol i crni papar.
d) Narežite mast i omekšali maslac dok smjesa ne bude nalikovala grubom obroku.
e) Umiješajte nasjeckani luk, a zatim dodajte dovoljno vode da dobijete glatko tijesto koje će se držati zajedno u lopticu.
f) Tijesto podijeliti na 2 jednaka dijela za valjanje.
g) Na pobrašnjenoj površini ili krpi za tijesto razvaljajte svaki dio u pravokutnik debljine ⅛ do ¼ inča.
h) Po želji razvaljano tijesto lagano i ravnomjerno pospite dodatnim mljevenim sjemenkama komorača. Lagano valjajte valjkom preko tijesta da ih utisnete.
i) Oštrim nožem izrežite tijesto na kvadrate od 2 inča, a zatim ih premjestite na nepodmazan lim za pečenje.
j) Svaki kvadrat izbockajte 2 ili 3 puta vrhovima vilice.
k) Pecite u prethodno zagrijanoj pećnici 15 do 20 minuta, odnosno dok krekeri po rubovima ne porumene.
l) Kad su pečeni, izvadite krekere od komorača i luka iz pećnice i ostavite ih da se ohlade na rešetki.
m) Ovi ukusni krekeri su ljuskavi, nježni i hrskavi, s izrazitim okusom komorača i pikantnim dodatkom mljevenog luka.

16. Crostini od komorača i kozjeg sira

SASTOJCI:
- Baguette, narezan na kriške
- 1 lukovica komorača, tanko narezana
- 4 unce kozjeg sira
- 2 žlice meda
- Maslinovo ulje
- Sol i papar, po ukusu

UPUTE:
a) Zagrijte pećnicu na 375°F (190°C).
b) Posložite kriške bageta na lim za pečenje i malo ih premažite maslinovim uljem. Pecite 8-10 minuta, ili dok ne postane hrskavo i zlatno smeđe.
c) U tavi zagrijte malo maslinovog ulja na srednje jakoj vatri. Dodajte tanko narezani komorač i kuhajte dok ne omekša i ne karamelizira se oko 8-10 minuta. Posolite i popaprite.
d) Svaku prepečenu krišku bageta premažite kozjim sirom.
e) Prelijte svaki crostini karameliziranim komoračem.
f) Pokapajte med preko crostina i odmah poslužite.

17. Štapići komorača i mrkve s umakom od jogurta

SASTOJCI:
- 1 lukovica komorača, narezana na štapiće
- 2 mrkve narezane na kolutiće
- 1 šalica grčkog jogurta
- 1 žlica soka od limuna
- 1 žlica nasjeckanog svježeg kopra
- Sol i papar, po ukusu

UPUTE:
a) U zdjeli pomiješajte grčki jogurt, limunov sok, nasjeckani svježi kopar, sol i papar kako biste napravili umak.
b) Štapiće komorača i mrkve posložite na tanjur za posluživanje.
c) Poslužite štapiće komorača i mrkve s umakom od jogurta sa strane za umakanje.

18. Bruschetta tapenada od komorača i maslina

SASTOJCI:
- Baguette, narezan na kriške
- 1 lukovica komorača, sitno nasjeckana
- 1/2 šalice Kalamata maslina, očišćenih od koštica i nasjeckanih
- 2 žlice kapara nasjeckanih
- 2 češnja češnjaka, mljevena
- 2 žlice maslinovog ulja
- 1 žlica soka od limuna
- Sol i papar, po ukusu
- Svježi peršin, nasjeckani (za ukras)

UPUTE:
a) Zagrijte pećnicu na 375°F (190°C).
b) Posložite kriške baguettea na lim za pečenje i tostirajte ih u pećnici 8-10 minuta ili dok ne postanu hrskave i zlatno smeđe.
c) U zdjeli pomiješajte sitno nasjeckani komorač, nasjeckane masline Kalamata, nasjeckane kapare, nasjeckani češnjak, maslinovo ulje, limunov sok, sol i papar kako biste napravili tapenadu.
d) Žlicom nanesite tapenadu od komorača i maslina na svaku prepečenu krišku bageta.
e) Ukrasite nasjeckanim svježim peršinom i odmah poslužite.

19. Salata od komorača i naranče

SASTOJCI:
- 1 lukovica komorača, tanko narezana
- 2 naranče oguljene i tanko narezane
- 1/4 šalice narezanih badema, tostiranih
- 2 žlice svježeg soka od limuna
- 2 žlice ekstra djevičanskog maslinovog ulja
- 1 žlica meda
- Sol i papar, po ukusu
- Listići svježe mente, za ukras

UPUTE:
a) U velikoj zdjeli pomiješajte tanko narezani komorač i naranče.
b) U maloj posudi pomiješajte svježi limunov sok, ekstra djevičansko maslinovo ulje, med, sol i papar kako biste napravili preljev.
c) Prelijte preljev preko koromača i kriški naranče i lagano promiješajte da se prekrije.
d) Salatu premjestite na pladanj za posluživanje i pospite prženim narezanim bademima.
e) Prije posluživanja ukrasite listićima svježe mente.

20.Kanapei od komorača i dimljenog lososa

SASTOJCI:
- Kriške bageta, prepečene
- 1 lukovica komorača, tanko narezana
- 4 unce dimljenog lososa, narezanog na kriške
- 1/4 šalice crème fraîche ili krem sira
- Svježi kopar, za ukras
- Limunova korica, za ukras

UPUTE:
a) Namažite tanki sloj crème fraîche ili krem sira na svaku tostiranu krišku baguettea.
b) Po vrhu stavite tanko narezani komorač i ploške dimljenog lososa.
c) Prije posluživanja ukrasite svježim koprom i koricom limuna.

21.Salsa od komorača i avokada

SASTOJCI:
- 1 lukovica komorača, narezana na kockice
- 2 zrela avokada, narezana na kockice
- 1 rajčica, narezana na kockice
- 1/4 šalice crvenog luka, sitno nasjeckanog
- 1 jalapeño papričica, očišćena od sjemenki i mljevena
- 2 žlice svježeg soka od limete
- 2 žlice nasjeckanog svježeg cilantra
- Sol i papar, po ukusu

UPUTE:
a) U zdjeli pomiješajte komorač narezan na kockice, avokado narezan na kockice, rajčicu narezanu na kockice, nasjeckani crveni luk i mljevenu jalapeño papriku.
b) Dodajte svježi sok limete i nasjeckani svježi cilantro u zdjelu.
c) Začinite solju i paprom po ukusu i lagano promiješajte da se sjedini.
d) Salsu od komorača i avokada poslužite s tortilja čipsom ili kao preljev za pečenu ribu ili piletinu.

22.Gljive punjene komoračem i ricottom

SASTOJCI:
- 12 većih šampinjona, odstraniti peteljke i očistiti klobuke
- 1 lukovica komorača, sitno nasjeckana
- 1/2 šalice ricotta sira
- 1/4 šalice ribanog parmezana
- 2 žlice krušnih mrvica
- 2 češnja češnjaka, mljevena
- 2 žlice nasjeckanog svježeg peršina
- Sol i papar, po ukusu
- Maslinovo ulje, za podlijevanje

UPUTE:
a) Zagrijte pećnicu na 375°F (190°C). Posudu za pečenje namazati maslinovim uljem.
b) U zdjeli pomiješajte nasjeckani komorač, sir ricotta, naribani parmezan, krušne mrvice, nasjeckani češnjak, nasjeckani svježi peršin, sol i papar.
c) Žlicom stavljajte nadjev u klobuke gljiva i stavljajte ih u pripremljenu posudu za pečenje.
d) Pokapajte maslinovim uljem i pecite u prethodno zagrijanoj pećnici 20-25 minuta ili dok gljive ne omekšaju, a nadjev ne porumeni.
e) Punjene gljive poslužite tople kao ukusno predjelo.

23. Humus od komorača i slanutka

SASTOJCI:
- 1 konzerva (15 unci) slanutka, ocijeđena i isprana
- 1 lukovica komorača, nasjeckana
- 2 češnja češnjaka, mljevena
- 2 žlice tahinija
- 2 žlice svježeg soka od limuna
- 2 žlice maslinovog ulja
- 1/2 žličice mljevenog kima
- Sol i papar, po ukusu
- Voda (koliko je potrebno za gustoću)
- Ukras po želji: nasjeckani svježi peršin, paprika

UPUTE:
a) U sjeckalici pomiješajte slanutak, nasjeckani komorač, mljeveni češnjak, tahini, svježi limunov sok, maslinovo ulje, mljeveni kim, sol i papar.
b) Miješajte dok ne postane glatko, dodavajući vodu po potrebi da postignete željenu konzistenciju.
c) Kušajte i po potrebi prilagodite začine.
d) Prebacite humus u zdjelu za posluživanje i po želji ukrasite nasjeckanim svježim peršinom i malo paprike.
e) Poslužite s pita kruhom, krekerima ili štapićima svježeg povrća za umakanje.

24. Datulje punjene komoračem i kozjim sirom

SASTOJCI:
- 12 medjool datulja bez koštice
- 4 unce kozjeg sira
- 1 lukovica komorača, tanko narezana
- Dušo, za prelijevanje
- Ukras po želji: nasjeckani pistacije

UPUTE:
a) Svaku datulju bez koštica nadjevati s malo kozjeg sira.
b) Svaku punjenu datulju pokrijte kriškom tanko narezanog komorača.
c) Nadjevene datulje prelijte medom.
d) Po želji, ukrasite nasjeckanim pistacijama za dodatnu teksturu i okus.
e) Poslužite kao slatko i slano predjelo ili međuobrok.

25. Crostini tapenade od komorača i sušenih rajčica

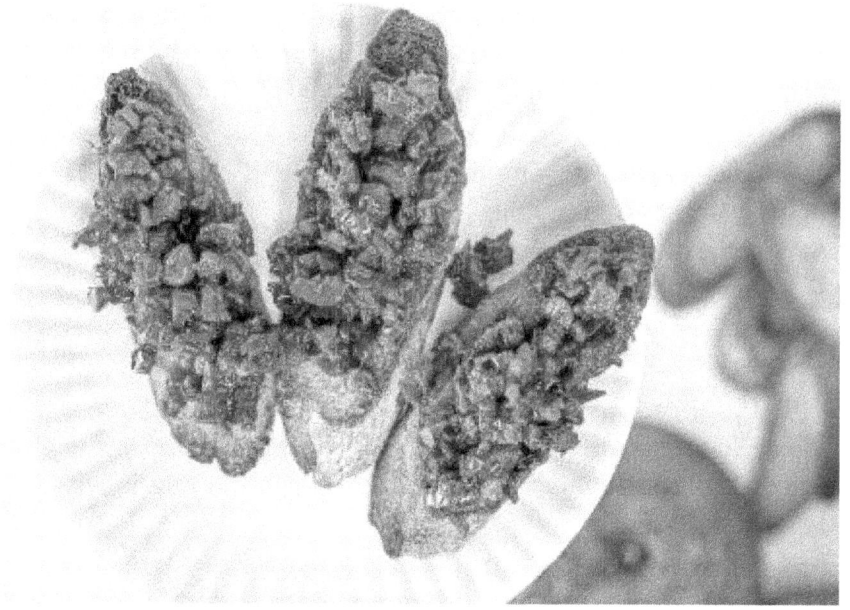

SASTOJCI:
- Baguette, narezan i prepečen
- 1 lukovica komorača, sitno nasjeckana
- 1/2 šalice osušenih rajčica (pakiranih u ulju), ocijeđenih i nasjeckanih
- 2 žlice kapara, ocijeđenih
- 2 češnja češnjaka, mljevena
- 2 žlice ekstra djevičanskog maslinovog ulja
- Sol i papar, po ukusu
- Listovi svježeg bosiljka, za ukras

UPUTE:
a) U sjeckalici pomiješajte sitno nasjeckani komorač, sušene rajčice, kapare, mljeveni češnjak, ekstra djevičansko maslinovo ulje, sol i papar.
b) Miješajte dok smjesa ne postane gruba pasta.
c) Rasporedite tapenadu od komorača i sušenih rajčica na svaku prepečenu krišku bageta.
d) Ukrasite svaki crostini listićem svježeg bosiljka.
e) Poslužite kao ukusno predjelo ili međuobrok.

SENDVIČI I ZAMOTCI

26. Tempura riblji burger s komoračem

SASTOJCI:
- 1 šalica (250 ml) jabučnog octa
- 2 žlice bijelog šećera
- Po 1 čajna žličica sjemenki gorušice i kima
- 2 sušena čilija
- 1 lukovica komorača, tanko narezana
- 2 libanonska krastavca, tanko narezana
- 1 mala vezica kopra
- ¾ šalice (225 g) aiolija
- Suncokretovo ulje, za prženje u dubokom ulju
- 200 g tempura brašna, plus dodatak za posipanje
- 2 srednja fileta snappera, bez kostiju, svaki file prerezan na pola
- 4 velike brioche rolice, tostirane
- Iceberg salata, za posluživanje

UPUTE:
a) U loncu pomiješajte jabučni ocat, bijeli šećer, sjemenke gorušice, sjemenke kima, sušeni čili, 2 žličice slanih pahuljica i ¾ šalice (180 ml) vode.
b) Zakuhajte smjesu, zatim smanjite vatru i kuhajte 5 minuta. U zdjelu otpornu na toplinu stavite tanko narezan komorač, krastavac i tri četvrtine kopra.
c) Prelijte ih vrućom smjesom octa i ostavite sa strane da se ohladi i lagano pokiseli barem 10 minuta.
d) Zagrijte suncokretovo ulje u fritezi ili većem loncu na 190°C (kockica kruha poprimi zlatnu boju za 10 sekundi kad se ulje dovoljno zagrije).
e) Slijedite upute na paketu tempura brašna da napravite tijesto.
f) Lagano pospite ribu dodatnim brašnom i obložite ih tijestom. Pržite ribu u dubokom ulju, okrećući je jednom, 2-3 minute dok ne poprimi zlatnu boju. Ocijedite ih na papirnatim ručnicima.

SASTAVITE PLJESKAVICE:
g) Ocijedite polovicu kiselih krastavaca (ostatak možete čuvati u zatvorenoj posudi u hladnjaku do 2 tjedna).
h) Podloge tostiranih brioche rolada namažite polovicom aiolija od kopra, zatim ih nadjenite zelenom salatom, ribom prženom na tempuri, kiselim krastavcima i preostalim aiolijem od kopra. Na kraju pljeskavice složite vrhovima rolada.
i) Uživajte u svom ukusnom Tempura ribljem burgeru s krastavcima i komoračem!

27.Sendvič s koromačem i piletinom na žaru

SASTOJCI:
- 2 pileća prsa bez kože i kostiju
- 1 lukovica komorača, tanko narezana
- 1 žlica maslinovog ulja
- Sol i papar, po ukusu
- 4 kriške kruha od cjelovitog zrna
- 1/4 šalice kozjeg sira
- 2 žlice meda
- Šaka rikule

UPUTE:
a) Zagrijte roštilj ili grill tavu na srednje jaku temperaturu.
b) Premažite pileća prsa maslinovim uljem i začinite solju i paprom.
c) Pecite piletinu na roštilju 5-6 minuta sa svake strane ili dok ne bude pečena. Maknite s roštilja i ostavite da odmori.
d) U međuvremenu prelijte kriške komorača s maslinovim uljem, soli i paprom. Pecite na roštilju 2-3 minute sa svake strane dok ne omekša.
e) Tostirajte kriške kruha od cjelovitog zrna.
f) Prepečene kriške kruha namažite kozjim sirom. Prelijte medom.
g) Narežite pečenu piletinu i stavite na kozji sir.
h) Odozgo stavite koromač i rikulu na žaru.
i) Zatvorite sendvič i poslužite odmah.

28. Pureći hamburgeri od komorača i jabuka

SASTOJCI:
- 1 lb mljevene puretine
- 1 lukovica komorača, naribana
- 1 jabuka, naribana
- 1/4 šalice krušnih mrvica
- 1 jaje
- 2 češnja češnjaka, mljevena
- 1 žličica suhe majčine dušice
- Sol i papar, po ukusu
- Burger lepinje
- Dodaci po želji: zelena salata, rajčica, majoneza

UPUTE:
a) U velikoj zdjeli pomiješajte mljevenu puretinu, naribani komorač, naribanu jabuku, krušne mrvice, jaje, nasjeckani češnjak, sušeni timijan, sol i papar.
b) Miješajte dok se dobro ne sjedini, a zatim oblikujte pljeskavice.
c) Zagrijte roštilj ili gril tavu na srednje jakoj vatri. Pecite hamburgere 5-6 minuta sa svake strane ili dok se ne skuhaju.
d) Burger peciva po želji prepecite na roštilju.
e) Sastavite hamburgere s nadjevima po želji i poslužite vruće.

29. Omot od komorača i pečenog povrća

SASTOJCI:
- 1 lukovica komorača, tanko narezana
- 1 crvena paprika, tanko narezana
- 1 žuta paprika narezana na tanke ploške
- 1 tikvica, tanko narezana
- 1 luk narezan na tanke ploške
- 2 žlice maslinovog ulja
- Sol i papar, po ukusu
- 4 velika omota od cjelovitog zrna pšenice
- 1/2 šalice humusa
- Šaka mladog špinata

UPUTE:
a) Zagrijte pećnicu na 400°F (200°C).
b) Na lim za pečenje stavite narezani komorač, papriku, tikvicu i luk. Pokapajte maslinovim uljem i začinite solju i paprom. Baciti na kaput.
c) Pecite povrće u prethodno zagrijanoj pećnici 20-25 minuta ili dok ne omekša i lagano se karamelizira.
d) Zagrijte obloge od cjelovitog zrna pšenice u pećnici ili mikrovalnoj.
e) Ravnomjerno rasporedite humus preko svakog omota.
f) Na humus stavite pečeno povrće i mladi špinat.
g) Čvrsto smotajte zamotuljke, po želji prepolovite i poslužite.

30. Omotač od komorača i dimljenog lososa

SASTOJCI:
- 4 velika zamotuljka od cjelovitih žitarica
- 8 unci dimljenog lososa
- 1 lukovica komorača, tanko narezana
- 1/2 šalice grčkog jogurta
- 2 žlice svježeg kopra, nasjeckanog
- 2 žlice kapara, ocijeđenih
- Korica i sok od 1 limuna
- Sol i papar, po ukusu

UPUTE:

a) U maloj posudi pomiješajte grčki jogurt, nasjeckani svježi kopar, kapare, limunovu koricu i limunov sok. Začinite solju i paprom po ukusu.

b) Položite zamotuljke od cjelovitih žitarica i obilato namažite smjesom od jogurta na svaki zamotuljak.

c) Dimljeni losos i tanko narezani komorač ravnomjerno rasporedite po zamotuljcima.

d) Čvrsto smotajte zamotuljke, po želji prepolovite i odmah poslužite.

31. Pileći sendvič s komoračem i pestom

SASTOJCI:
- 2 pileća prsa bez kože i kostiju
- 1 lukovica komorača, tanko narezana
- 4 kriške ciabatta kruha
- 4 žlice pesta od bosiljka
- 1 rajčica, narezana na ploške
- Šaka mladog špinata
- Sol i papar, po ukusu

UPUTE:
a) Zagrijte roštilj ili grill tavu na srednje jaku temperaturu.
b) Pileća prsa začinite solju i paprom, a zatim pecite na roštilju 5-6 minuta sa svake strane ili dok ne budu pečena. Maknite s roštilja i ostavite da odmori.
c) Tostirajte kriške ciabatta kruha.
d) Namažite pestom od bosiljka s jedne strane svake prepečene kriške kruha.
e) Narežite piletinu na žaru i ravnomjerno podijelite na kriške kruha.
f) Na vrh stavite narezani komorač, kriške rajčice i mladi špinat.
g) Zatvorite sendviče i poslužite odmah.

32.Burger od komorača i bijelog graha

SASTOJCI:
- 1 lukovica komorača, sitno nasjeckana
- 1 konzerva (15 oz) bijelog graha, ocijeđenog i ispranog
- 1/2 šalice krušnih mrvica
- 1/4 šalice ribanog parmezana
- 1 jaje
- 2 češnja češnjaka, mljevena
- 1 žličica sušenog origana
- Sol i papar, po ukusu
- Burger lepinje
- Dodaci po želji: zelena salata, rajčica, avokado

UPUTE:
a) U sjeckalici pomiješajte nasjeckani komorač, bijeli grah, krušne mrvice, parmezan, jaje, nasjeckani češnjak, sušeni origano, sol i papar. Miješajte dok se smjesa ne sjedini, ali još uvijek bude malo zrnasta.
b) Smjesu oblikujte u pljeskavice.
c) Zagrijte tavu na srednje jakoj vatri i premažite je sprejom za kuhanje ili maslinovim uljem. Pecite hamburgere 4-5 minuta sa svake strane ili dok ne porumene i ne zagriju se.
d) Po želji prepecite burger pecivo na tavi.
e) Sastavite hamburgere s nadjevima po želji i poslužite vruće.

33.Omotač od komorača i jabuke

SASTOJCI:
- 1 lukovica komorača, tanko narezana
- 1 jabuka, julienned
- 1 mrkva, julienned
- 1/4 šalice grčkog jogurta
- 2 žlice jabučnog octa
- 1 žlica meda
- Sol i papar, po ukusu
- 4 velika omota od cjelovitog zrna pšenice
- Šaka miješanog zeleniša

UPUTE:
a) U velikoj zdjeli pomiješajte tanko narezani komorač, jabuku i mrkvu narezanu na julien.
b) U maloj posudi pomiješajte zajedno grčki jogurt, jabučni ocat, med, sol i papar kako biste napravili preljev.
c) Prelijte dressing preko mješavine komorača, jabuke i mrkve. Bacajte dok se dobro ne prekrije.
d) Zagrijte obloge od cjelovitog zrna pšenice u pećnici ili mikrovalnoj.
e) Stavite šaku miješanog povrća na svaki zamotuljak, a zatim prelijte komoračem i slatkom od jabuke.
f) Čvrsto smotajte zamotuljke, po želji prepolovite i poslužite.

34. Panini od komorača i pečene govedine

SASTOJCI:
- 1 lukovica komorača, tanko narezana
- 8 kriški kruha od kiselog tijesta
- 8 kriški pečene govedine
- 4 kriške provolone sira
- 1/4 šalice majoneze
- 2 žlice Dijon senfa
- Maslinovo ulje ili maslac, za roštilj

UPUTE:
a) Prešu za panini ili grill tavu zagrijte na srednje jakoj vatri.
b) U maloj posudi pomiješajte majonezu i Dijon senf.
c) Namažite smjesu majoneze na jednu stranu svake kriške kruha od dizanog tijesta.
d) Na polovicu kriški kruha poslažite pečenu govedinu, sir provolone i tanko narezan komorač. Na vrh stavite preostale kriške kruha.
e) Premažite sendviče izvana maslinovim uljem ili maslacem.
f) Stavite sendviče na prešu za panini ili grill tavu i pecite 3-4 minute, ili dok kruh ne porumeni i sir se otopi.
g) Maknite s vatre, po želji prepolovite i poslužite vruće.

GLAVNO JELO

35.slanom od naranče i komorača

SASTOJCI:
- 1 velika lukovica komorača, tanko narezana
- 1 manji kupus, narendati
- 1 režanj češnjaka, samljeven
- 2 velike naranče oguljene i narezane na ploške
- 1 manji crveni luk narezan na tanke ploške
- ¼ šalice haićanskih badema
- 1 žličica košer soli
- ½ žličice svježe mljevenog crnog papra u zrnu
- 3 žlice maslinovog ulja
- 6 listića svježeg bosiljka, natrganog
- 3 žlice svježeg soka od limuna
- ½ žličice zgnječenog sjemena korijandera
- 4 velika fileta lava

UPUTE:
ZA PRIPREMU SLATE OD NARANČE:
a) U maloj zdjeli pomiješajte komorač i kupus s češnjakom, kriškama 1 naranče, lukom, bademima, ½ žličice soli, ¼ žličice crnog papra, 2 žlice maslinovog ulja i svježe narezanog bosiljka. Pokrijte i stavite u hladnjak na pola sata.

KUHANJE LIONFISH:
b) Zagrijte roštilj na drveni ugljen i premažite ga žlicom ulja. Začinite ribu lava preostalom soli, paprom i mljevenim sjemenkama korijandera.

c) Stavite filete na izravnu vatru i pecite prvu stranu na roštilju 2 minute, a zatim ih pažljivo okrenite i pecite drugu stranu još 2 do 3 minute dok se ne ispeku.

d) Žlicom stavite 2 do 3 žlice slane naranče na tanjure. Stavite BBQ lionfish na svaki brežuljak. Ukrasite preostalim kriškama naranče.

36. Španjolska skuša na žaru s jabukama i ciklom

SASTOJCI:
- 2 španjolske skuše (oko 2 funte svaka), očišćene i očišćene, s uklonjenim škrgama
- 2¼ šalice slane otopine od komorača
- 1 žlica maslinovog ulja
- 1 srednja glavica luka, sitno nasjeckana
- 2 srednje cikle, pečene, kuhane, na žaru ili konzervirane; sitno nasjeckan
- 1 trpka jabuka, oguljena, bez jezgre i sitno nasjeckana
- 1 češanj češnjaka, samljeven
- 1 žlica sitno nasjeckanih listova svježeg kopra ili komorača
- 2 žlice svježeg kozjeg sira
- 1 limeta, izrezana na 8 kriški

UPUTE:
a) Isperite ribu i stavite je u vrećicu s patentnim zatvaračem od 1 galona sa slanom vodom, istisnite zrak i zatvorite vrećicu. Stavite u hladnjak na 2 do 6 sati.
b) Zagrijte ulje u velikoj tavi na srednje jakoj vatri. Dodajte luk i pirjajte dok ne omekša, oko 3 minute. Dodajte ciklu i jabuku i pirjajte dok jabuka ne omekša, oko 4 minute. Umiješajte češnjak i kopar i zagrijte oko 1 minutu. Ohladite smjesu na sobnu temperaturu i umiješajte kozji sir.
c) U međuvremenu zapalite roštilj za izravnu srednju temperaturu, oko 375¡F.
d) Izvadite ribu iz salamure i osušite. Odbacite salamuru. Ohlađenom smjesom od cikle i jabuka nadjenite šupljine ribe i po potrebi pričvrstite koncem.
e) Rešetku roštilja premažite četkom i premažite uljem. Pecite ribu na roštilju dok koža ne postane hrskava i dok riba ne izgleda neprozirno na površini, ali još uvijek bude poput filma i vlažna u sredini (130¼F na termometru s trenutnim očitanjem), 5 do 7 minuta po strani. Izvadite ribu na tanjur za posluživanje i poslužite s kriškama limete.

37. Piletina s bosiljkom i rižom u boji breskve

SASTOJCI:
- 1 šalica riže s jasminom, isprana
- 2 šalice vode
- Košer sol i svježe mljeveni crni papar
- 1 funta pilećih prsa bez kostiju i kože, narezana na kocke
- 2 žlice višenamjenskog brašna
- 2 žlice avokada ili ekstra djevičanskog maslinovog ulja, podijeljene
- 1 žlica (14 g) gheeja ili neslanog maslaca
- ¼ šalice nasjeckanog svježeg bosiljka
- 1 breskva bez koštica i tanko narezana
- 6 pakiranih šalica (180 g) mladog špinata
- 2 češnja češnjaka, mljevena
- ½ srednjeg engleskog krastavca, narezanog na ploške
- 1 mala lukovica komorača, obrezana i tanko narezana
- 1 recept za umak od kozjeg sira s bosiljkom,

UPUTE:
a) Dodajte rižu, vodu i obilan prstohvat soli u srednju posudu za umake i zakuhajte. Smanjite vatru, poklopite i kuhajte dok riža ne omekša, oko 15 minuta. Maknite s vatre i poklopljenu rižu kuhajte na pari 10 minuta.

b) Osušite piletinu papirnatim ručnicima. Stavite u veliku zdjelu s brašnom, soli i paprom i promiješajte da ravnomjerno obložite piletinu. Zagrijte 1 žlicu (15 ml) ulja u velikoj, širokoj tavi na jakoj vatri dok se ne zagrije, ali još ne počne dimiti. Dodajte piletinu u tavu u jednom sloju i pecite, povremeno okrećući, dok ne porumeni sa svih strana, oko 5 minuta ukupno. Dodajte ghee, bosiljak i narezanu breskvu u tavu i kuhajte još 1 minutu, miješajući da obložite piletinu.

c) U međuvremenu, u zasebnoj tavi, zagrijte preostalu 1 žlicu (15 ml) ulja na srednje jakoj vatri. Dodajte špinat, češnjak i prstohvat soli. Kuhajte, redovito miješajući, dok ne uvenu, 2 do 3 minute.

d) Za posluživanje podijelite rižu u zdjelice. Povrh stavite piletinu i breskve, špinat, krastavce i komorač, a zatim pokapajte umakom od kozjeg sira s bosiljkom.

38. Pita od piletine, poriluka i gljiva

SASTOJCI:
- 1 količina ohlađenog prhkog tijesta
- dodatna mješavina običnog (višenamjenskog) brašna bez glutena za razvaljavanje tijesta
- 250 g (2½ šalice) nasjeckanog komorača
- 2 srednja poriluka, orezana
- 240 g (2 šalice) gljiva
- 240 ml (1 šalica) bijelog vina
- 240 ml (1 šalica) mlijeka
- 120 ml (½ šalice) svježe kreme
- 4 žlice kukuruznog brašna/kukuruznog škroba
- 700 g (1½ lb.) pilećih prsa
- ½ žličice svježe mljevenog crnog papra
- ¼ žličice morske (košer) soli
- 2 žličice sušenog provansalskog bilja
- 2 žličice maslinovog ulja

UPUTE:
a) Poriluk narežite, operite i dobro ocijedite. Koromač narežite na kockice, a gljive narežite na ploške.
b) Zagrijte 1 žličicu maslinovog ulja u tavi na srednje jakoj vatri i dodajte poriluk i komorač. Kuhajte 5 min.
c) Dodajte gljive i nastavite pirjati dok ne porumene. Prebacite na tanjur/zdjelu dok kuhate piletinu. Piletinu narežite na komade veličine zalogaja.
d) Zagrijte preostalu 1 žličicu maslinovog ulja u tavi na srednje jakoj vatri i pecite komade piletine u serijama, dok ne porumene.
e) Kuhane komade prebacite u istu zdjelu u kojoj se pirjalo povrće. Nakon što je sva piletina pečena, vratite piletinu/povrće u tavu i prelijte bijelim vinom.
f) Posolite, popaprite i dodajte sušeno bilje. Zakuhati i kuhati na laganoj vatri 10 minuta.
g) Otopite kukuruzno brašno/kukuruzni škrob u mlijeku i umiješajte u tavu za pečenje. Nastavite miješati u tavi dok se umak ne zgusne. Maknite s vatre i odložite na jednu stranu.
h) Zagrijte pećnicu na 170C s ventilatorom, 375F, plinska oznaka 5.
i) Uzmite ohlađeno tijesto i razvaljajte ga između dva dobro pobrašnjena lista masnog papira u oblik malo veći od vaše posude za pite.
j) Umiješajte Crème Fresh u smjesu s piletinom i ulijte je u posudu za pitu. Ipak, u masnom papiru, preokrenite tijesto i uklonite lim koji je sada najviši.
k) Preostalim masnim papirom lakše prebacite tijesto preko posude za pitu. Odrežite rubove i skupite s dva prsta i palcem.
l) Ako se osjećate umjetnički, ponovno razvaljajte sve dijelove tijesta i izrežite 4 oblika lista za ukras.
m) Premažite vrh pite zaostalom mješavinom jaja/mlijeka od pravljenja tijesta, izrežite mali križ u sredini i ukrasite oblicima listova tijesta.
n) Premažite ih i ovim jajima. Stavite na lim za pečenje i stavite u pećnicu.
o) Pecite 45 minuta dok kora pite ne porumeni, a nadjev vruć.

39.Koromač s gljivama i pršutom

SASTOJCI:
- 8 glavica komorača
- 1¼ c pileće juhe
- ¾ c bijelog vina, blago slatkog
- 1 funta narezanih gljiva
- 2 unce pršuta, tanko narezanog: i samljevenog

UPUTE:

a) Odrežite stabljike komorača i pernato zelje. Sačuvajte pernato zelje, nasjeckajte dovoljno da dobijete ¼ šalice. (Ako pripremate unaprijed, ohladite 2 žlice mljevenog zelenja, kao i preostale pernate grančice koje ćete koristiti za ukrašavanje pladnja prilikom posluživanja.) Ostavite stabljike komorača za upotrebu u juhama ili temeljcima.

b) Odrežite smeđe mrlje s lukovica; posložite ih u jednom sloju u posudu od 5 do 6 litara. Zalijte ih juhom i vinom; poklopite i pustite da zavrije na jakoj vatri, a zatim kuhajte dok komorač ne postane vrlo mekan kada se probode, 35 do 45 minuta.

c) Ostavite sa strane dok se dovoljno ne ohladi za rukovanje: sačuvajte tekućinu za kuhanje.

d) Dok se komorač kuha, pomiješajte gljive, pršut i 2 žlice mljevenog zelenila komorača u tavi s neprijanjajućim premazom od 8 do 10 inča.

e) Poklopite i kuhajte na srednje jakoj vatri dok gljive ne ispuste sok, oko 7 minuta.

f) Otklopite i kuhajte, često miješajući, dok tekućina ne ispari i gljive ne porumene, oko 15 minuta; Staviti na stranu.

g) Malim nožem i žličicom s oštrim rubom izdubite unutarnji dio lukovica komorača tako da dobijete ljusku debljine ¼ inča, a ljuska neka ostane netaknuta.

h) Žlicom ravnomjerno rasporedite mješavinu gljiva u lukovice.

i) Rasporedite lukovice u posudu za pečenje dovoljno veliku da stane u jedan sloj. Prelijte ih odvojenom tekućinom od kuhanja.

j) Pecite punjene lukovice komorača, pokrivene, u pećnici na 375F/190C 15 minuta; otkrijte i nastavite peći dok se ne zagrije, još oko 10 minuta (20 minuta ako ste napravili unaprijed i ohladili).

k) Prebacite lukovice na tanjur za posluživanje; lagano pospite preostalim mljevenim zelenilom komorača i ukrasite pladanj grančicama komorača.

40. Ravioli od dimljenog lososa s pečenim lukom

SASTOJCI:
- 2 šalice ricotta sira
- 16 unci narezanog dimljenog lososa
- ¼ šalice narezanog mladog luka
- ⅛ šalice Julienne sušene rajčice
- ⅛ šalice ekstra djevičanskog maslinovog ulja
- 1 žlica nasjeckanog češnjaka
- 12 listova svježe tjestenine 3x3
- 1 šalica krupnog kukuruznog brašna
- 2 umućena jaja
- 4 glavice žutog luka srednje veličine
- 1 žlica Canola ulja
- 2 šalice komorača narezanog na kockice
- 6 zrna crnog papra
- 2 svježa lista lovora
- 2 klinčića
- ½ čajne žličice Rashed Chili Flakes
- 2 režnja cijela zdrobljena češnjaka
- ¼ šalice cijelih prženih sjemenki komorača
- 2 šalice bijelog vina
- 2 litre gustog vrhnja
- 24 Zrelo; Roma, (šljiva) Rajčice
- Ekstra djevičansko maslinovo ulje
- Sol papar
- pergament papir
- 1 šalica Calamata maslina bez koštica
- ½ unce nasjeckanih fileta inćuna
- 1 unca velikih kapara
- ½ šalice nasjeckanog pljosnatog peršina
- 1 unca nasjeckanog češnjaka
- 2 šalice narezanih na kockice rajčica osušenih u pećnici
- 2 šalice ekstra djevičanskog maslinovog ulja
- 2 limuna; (Zest of)

UPUTE:
NADJEV ZA RAVIOLE:
a) Ocijedite ricottu, oslobodite je od tekućine. Dimljeni losos narežite na kockice od 1".
b) Sve sastojke sjediniti i dobro promiješati. Posolite i popaprite. Staviti na stranu.

RAVIOLI:
c) Na čistu, ravnu površinu rasporedite listove tjestenine i jednu stranu napunite s 3 unce nadjeva od lososa. Premažite rubove tjestenine malom količinom tučenih jaja da se tjestenina zatvori. Stavite 2. list tjestenine na napunjeni i dobro pritisnite rubove.
d) Stavite na tepsiju s ravnom površinom, obloženu papirom za pečenje, i po papiru pospite kukuruzno brašno. To sprječava da se ravioli zalijepe za površinu.
e) Stavite raviole u hladnjak da se ohlade prije blanširanja. (1 h.) Krema od pečenog luka i komorača: Pecite 4 žuta luka srednje veličine u pećnici zagrijanoj na 400 stupnjeva dok se lagano ne karameliziraju. Ostavite sa strane i pustite da se ohladi, a zatim narežite na kockice 1".
f) U srednjem loncu za umak pomiješajte pečeni luk narezan na kockice, komorač, ulje repice i sve gore navedene sastojke i kuhajte na srednjoj vatri oko 1 minutu. Dodati bijelo vino, pa reducirati na pola, pa dodati čvrsto vrhnje za šlag. Pirjajte dok se ne smanji za ⅓. Procijedite kroz finu mrežicu chinois i začinite solju i paprom.

TAPENADA OD SUŠENIH RAJČICA
g) Rajčice sušene u pećnici: Na tavi s ravnom površinom, obloženom papirom za pečenje, premažite maslinovim uljem i prerežite rajčice po dužini na pola. Lagano istisnite sjemenke iz svake polovice, pazeći da ne uklonite unutrašnjost pulpe rajčice.
h) Na nauljeni lim stavite polovice rajčica (s vanjske strane prema dolje, iznutra prema gore) i pokapajte ih maslinovim uljem, posolite i popaprite.
i) Pecite u pećnici zagrijanoj na 200 stupnjeva oko 2 sata ili dok se rajčice ne kondenziraju i porumene.
j) Neka se ohladi.

TAPENADA:
k) U sjeckalici pomiješajte sve sastojke i miješajte dok smjesa ne dobije konzistenciju za mazanje.

PREZENTACIJA:
l) Mirror tanjur s pečenim lukom i komoračem. Raviole blanširajte i prelijte kremom od komorača. Stavite raviole na sredinu tanjura i prelijte tapenadom od sušenih rajčica.
m) Ukrasite grančicom komorača i koricom limuna.

41. Curry od bundeve sa začinskim sjemenkama

SASTOJCI:
- 3 šalice bundeve – nasjeckane na komade od 1-2 cm
- 2 žlice ulja
- ½ žlice sjemenki gorušice
- ½ žlice sjemenki kumina
- Prstiti asafetidu
- 5-6 listova curryja
- ¼ žlice sjemenki piskavice
- ¼ žlica sjemenki komorača
- ½ žlice naribanog đumbira
- 1 žlica paste od tamarinda
- 2 žlice - suhog, mljevenog kokosa
- 2 žlice prženog mljevenog kikirikija
- Sol i smeđi šećer ili jaggery po ukusu
- Svježi listovi korijandera

UPUTE:
a) Zagrijte ulje i dodajte sjemenke gorušice. Kad popucaju dodajte kumin, piskavicu, asafetidu, đumbir, curry lišće i komorač. Kuhajte 30 sekundi.
b) Dodajte bundevu i sol. Dodajte tamarind pastu ili vodu s pulpom unutra. Dodajte jaggery ili smeđi šećer. Dodajte mljeveni kokos i kikiriki u prahu. Kuhajte još nekoliko minuta. Dodajte svježe nasjeckani korijander.

42. Tikva na žaru i pivske kobasice

SASTOJCI:
- 1 boca ale piva
- 4 unce bundeve; svježe ili konzervirane
- 1 unca češnjaka; Narezati na kockice
- 1 unca čistog javorovog sirupa
- 2 veze za svaku patku; proboden vilicom
- 2 karike divljač; proboden vilicom
- 2 karike pileće kobasice; proboden vilicom
- 1 manji crveni luk; Segmentirano tanko
- 1 žlica maslaca
- Sol
- Papar
- 1 lukovica komorača; obrijan
- 1 unca svakog saga bleu sira
- 1 unca engleskog stiltona
- 1 unca gorgonzole

UPUTE:
a) Pomiješajte porter, bundevu, češnjak i javorov sirup i prelijte preko kobasica.
b) Izvadite kobasice iz salamure i pecite ih na roštilju zagrijanom na 500 stupnjeva 10 minuta. Segmentirajte i pecite na roštilju dok ne bude gotovo.
c) Luk kuhajte na maslacu na laganoj vatri dok ne omekša i postane proziran. Posolite i popaprite

43. Paella od povrća i komorača

SASTOJCI:
- 2 žlice maslinovog ulja
- 2 srednje mrkve, narezane na kriške od ¼ inča
- 1 rebro celera, narezano na kriške od ¼ inča
- 1 srednji žuti luk, nasjeckan
- 1 srednja crvena paprika, izrezana na kockice od ½ inča
- 3 češnja češnjaka nasjeckana
- 8 unci zelenog graha, obrezanog i narezanog na komade od 1 inča
- 1½ šalice kuhanog tamnocrvenog graha
- Limenka od 14,5 unci rajčice narezane na kockice, ocijeđene
- 2½ šalice juhe od povrća, domaće
- ½ žličice sušenog mažurana
- ½ žličice mljevene crvene paprike
- ½ žličice mljevenog sjemena komorača
- ¼ žličice šafrana ili kurkume
- ¾ šalice riže dugog zrna
- 2 šalice gljiva bukovača, lagano ispranih i osušenih tapkanjem
- Limenka od 14 unci srca artičoke ocijeđena i narezana na četvrtine

UPUTE:
- ☑ U velikom loncu zagrijte ulje na srednje jakoj vatri. Dodajte mrkvu, celer, luk, papriku i češnjak. Poklopite i kuhajte 10 minuta.
- ☑ Dodajte zelene mahune, grah, rajčice, juhu, sol, origano, mljevenu crvenu papriku, sjeme komorača, šafran i rižu. Poklopite i pirjajte 30 minuta.
- ☑ Umiješajte gljive i srca artičoka. Kušajte, prilagodite začine, po potrebi dodajte još soli. Poklopite i pirjajte još 15 minuta. Poslužite odmah.

44. Losos na žaru sa salatom od komorača

SASTOJCI:
- 2 140 g fileta lososa
- 1 Lukovica komorača; sitno narezan
- ½ Kruška; sitno narezan
- Nekoliko komada oraha
- 1 prstohvat Zdrobljeno sjeme kardamoma
- 1 Naranča; segmentirano, sok
- 1 hrpa korijandera ; nasjeckana
- 50 grama Light fromage frais
- 1 Prstohvati cimeta u prahu
- Kamena sol u listićima i mljeveni crni papar

UPUTE:
- Losos posolite, popaprite i ispecite ispod roštilja.
- Pomiješajte krušku s komoračem i začinite s dosta crnog papra, kardamoma i oraha.
- Pomiješajte sok i koricu od naranče s frazom i dodajte malo cimeta. Na sredinu tanjura stavite hrpu komorača i na vrh naslažite losos. Ukrasite izvana tanjur segmentima naranče i pokapajte jelom od naranče.
- Komorač smanjuje učinak toksina alkohola u tijelu i dobar je digestiv.

45. Pizza s pečenim korijenima

SASTOJCI:
- Višenamjensko brašno za posipanje kore za pizzu ili maslinovo ulje za podmazivanje pleha za pizzu
- 1 domaće tijesto
- ½ glavice češnjaka
- ½ slatkog krumpira, oguljenog, prepolovljenog po dužini i tanko narezanog
- ½ lukovice komorača, prepolovljene, podrezane i tanko narezane
- ½ pastrnjaka, oguljenog, prepolovljenog po dužini i tanko narezanog
- 1 žlica maslinovog ulja
- ½ žličice soli
- 4 unce veganskog sira, nasjeckanog
- 1 unca veganskog sira, sitno naribanog
- 1 žlica sirupastog balzamičnog octa

UPUTE:
a) Koru za pizzu lagano pospite brašnom. Dodati tijesto i oblikovati ga vrhovima prstiju u krug. Podignite ga, držite ga za rub s obje ruke i polako ga okrećite, svaki put malo rastežući rub, sve dok krug ne bude promjera oko 14 inča. Stavite pobrašnjenu stranu na koru prema dolje.

b) Pleh ili lim za pečenje namazati maslinovim uljem natopljenim na papirnati ubrus. Položite tijesto u sredinu ili udubite tijesto vrhovima prstiju—zatim ga povucite i pritisnite dok ne formira krug od 14 inča na pladnju ili nepravilni pravokutnik, oko 12 × 7 inča, na limu za pečenje.

c) Stavite je na pobrašnjenu koru za pizzu ako koristite kamen za pizzu—ili pečenu koru stavite na pladanj za pizzu.

d) Zamotajte neoguljene režnjeve češnjaka u paketić od aluminijske folije i pecite ili grilajte izravno na vatri 40 minuta.

e) U međuvremenu, bacite batat, komorač i pastrnjak u zdjelu s maslinovim uljem i soli. Sadržaj zdjele izlijte na lim za pečenje. Stavite u pećnicu ili na nezagrijani dio roštilja i pecite, povremeno okrećući, dok ne postane mekano i slatko, 15 do 20 minuta.

f) Prebacite češnjak na dasku za rezanje i otvorite paketić, pazeći na paru. Također, stavite lim za pečenje s povrćem sa strane na rešetku.
g) Povećajte temperaturu pećnice ili plinskog roštilja na 450°F ili dodajte još malo ugljena na roštilj kako biste malo pojačali toplinu.
h) Rasporedite naribani veganski sir preko pripremljene kore, ostavljajući rub od ½ inča na rubu. Nadjenite sir svim povrćem istiskujući kašasti, mekani češnjak iz njegovih papirnatih ljuski i na pitu. Povrh pospite naribanim veganskim sirom.
i) Gurnite pizzu s kore na vrući kamen ili je stavite na pladanj ili lim za pečenje u pećnici ili na nezagrijani dio roštilja.
j) Pecite ili pecite na roštilju sa zatvorenim poklopcem dok kora ne postane zlatnosmeđa i čak malo potamni na dnu dok se sir ne otopi i počne rumeniti, 16 do minuta.
k) Gurnite koru natrag ispod kore kako biste je skinuli s vrućeg kamena ili premjestite pizzu na pladanj ili lim za pečenje na rešetku. Ostavite sa strane 5 minuta.
l) Kad se malo ohladi, pokapajte pitu balzamičnim octom, a zatim je narežite na kriške za posluživanje.

46. Rižoto od komorača s pistacijama

SASTOJCI:
- 2 šalice temeljac od povrća, u kombinaciji sa
- 1 šalica vode
- 1 velika žlica maslac ili margarin biljnog podrijetla
- 2 žlice Maslinovo ulje
- 1 šalica Luk sitno narezan
- 1 Lukovica komorača
- 1 Crvena paprika, nasjeckana
- 2 češnja češnjaka, nasjeckana
- 1½ šalice Arborio riža
- ⅓ šalice Pistacije bez ljuske, nasjeckane
- Svježe mljeveni crni papar

UPUTE:
a) Zagrijte kombinaciju juhe i vode na umjerenoj vatri. Držite na toplom.
b) U tavi, po mogućnosti neljepljivoj, ili loncu, zagrijte biljni maslac i ulje na umjerenoj vatri dok ne zagriju. Dodajte luk, komorač i crvenu papriku; dinstati 5 minuta. Dodajte češnjak i pirjajte još minutu.
c) Umiješajte rižu i kuhajte uz miješanje 2 minute. Polako počnite dodavati tekućinu, otprilike jednu po jednu kutlaču. Kuhajte poklopljeno na umjerenoj vatri 10 minuta uz povremeno miješanje.
d) Polako dodajte tekućinu i često miješajte. Svaki put pričekajte da se tekućina upije prije dodavanja sljedeće žlice. Ponovite postupak kuhanja, poklopljeno, 10 minuta.
e) Otklopite i nastavite dodavati tekućinu uz često miješanje. Rižoto treba kuhati oko 30 minuta.
f) Dodajte pistacije i papar u gotov rižoto, miješajte dok se ne sjedini.

47.Rižoto od komorača i graška

SASTOJCI:

- 1 žlica maslinovog ulja
- 1 glavica luka sitno nasjeckana
- 1 lukovica komorača, sitno nasjeckana
- 1 tikvica uzdužno prepolovljena i tanko narezana
- 3 češnja češnjaka, sitno nasjeckana
- ½ žličice sjemenki komorača, lagano zdrobljenih
- 200 g riže za rižoto
- čašu bijelog vina
- 800 ml temeljca od povrća, vrućeg
- 200 g smrznutog graška
- 2 žlice prehrambenog kvasca
- 1 limun, očišćen od korice i soka
- vezica plosnatog peršina sitno nasjeckanog

UPUTE:

a) Zagrijte maslinovo ulje u velikoj dubljoj tavi, dodajte luk, komorač i tikvice i pržite 10 minuta dok ne omekšaju, dodajući malo vode ako se počne hvatati.
b) Dodajte češnjak i sjemenke komorača i kuhajte 2 minute, zatim dodajte rižu i miješajte dok svako zrno ne bude lagano obloženo uljem. Ulijte vino, ako ga koristite, i prokuhajte dok se ne smanji na pola.
c) Povrtni temeljac držite u tavi na vrlo laganoj vatri da ostane topao. U rižoto dodajte kutlaču po žlicu, tek kad se zadnja žlica potpuno upije, uz stalno miješanje.
d) Nakon što je riža kuhana, ali još malo zagrizla, dodajte smrznuti grašak i kuhajte još nekoliko minuta dok se ne skuha.
e) Umiješajte prehrambeni kvasac, limunovu koricu i sok te malo začina, podijelite u plitke zdjelice i na vrh pospite peršinom.

STRANE

48.Gratinirani komorač s robiolom

SASTOJCI:
- sol i papar
- 2 oz svježih krušnih mrvica
- 1 šalica bešamel umaka
- 8 oz robiola sira
- 2 lukovice komorača, obrezane i narezane
- 4 oz sira Fontina, naribanog

UPUTE:
a) Zagrijte pećnicu na 450°F.
b) Zakuhajte 4 litre vode s 2 žlice soli.
c) Koromač blanširajte u kipućoj vodi dok ne omekša.
d) Ocijedite u cjedilu postavljenom iznad sudopera dok se ne ohladi dovoljno za rukovanje.
e) Pomiješajte komorač, bešamel umak i fontinu.
f) Ravnomjerno rasporedite u četiri posude za pečenje namazane maslacem.
g) Pecite 25 minuta u gornjoj polovici pećnice ili dok ne zabubi i postane vruće.
h) Stavite komadić ili kvadrat robiole od 2 unce u sredinu svake posude, pospite krušnim mrvicama i pecite još 5 do 6 minuta ili dok robiola ne postane vruća i mekana i dok se mrvice ne otope.

49. Šafran komorač sous vide

SASTOJCI:
- 2 gomolja komorača
- 1 g šafrana
- 100 ml temeljca od peradi
- 20 ml maslinovog ulja
- 3 g soli

UPUTE:
a) Koromač uzdužno narežite na ploške debljine otprilike 6 mm. Tamo gdje listovi vise zajedno kroz stabljiku, nastaju kriške.
b) Stabljike i vanjski dijelovi dobro se mogu iskoristiti za krem juhu od komorača.
c) Kriške zajedno s ostalim sastojcima vakuumirajte u vakum vrećicu. Kuhajte u vodenoj kupelji na 85 °C 3 sata.
d) Izvadite iz vrećica i smanjite temeljac za kuhanje na cca. ⅓ iznosa.
e) Prekrasan i učinkovit prilog, primjerice uz mesna i riblja jela.

50. Pečeni komorač s parmezanom

SASTOJCI:
- 2 lukovice komorača, narezane na ploške
- 2 žlice maslinovog ulja
- Sol i papar, po ukusu
- 1/4 šalice ribanog parmezana
- Svježi peršin, nasjeckani (za ukras)

UPUTE:
a) Zagrijte pećnicu na 400°F (200°C).
b) Na lim za pečenje istresite narezani komorač s maslinovim uljem, solju i paprom.
c) Pecite u prethodno zagrijanoj pećnici 20-25 minuta, ili dok komorač ne omekša i karamelizira se, miješajući na pola vremena.
d) Izvadite iz pećnice i pospite naribani parmezan preko pečenog komorača.
e) Vratite u pećnicu na još 5 minuta, odnosno dok se sir ne otopi i porumeni.
f) Prije posluživanja ukrasite svježim peršinom.

51. Gratinirani komorač i krumpir

SASTOJCI:
- 2 lukovice komorača, tanko narezane
- 2 velika krumpira, tanko narezana
- 1 šalica gustog vrhnja
- 2 češnja češnjaka, mljevena
- 1/2 šalice ribanog Gruyère sira
- Sol i papar, po ukusu
- Listići svježeg timijana, za ukras

UPUTE:
a) Zagrijte pećnicu na 375°F (190°C). Namažite posudu za pečenje maslacem ili sprejom za kuhanje.
b) U pripremljenu posudu za pečenje složite tanko narezani komorač i krumpir naizmjenično.
c) U malom loncu zagrijte vrhnje i nasjeckani češnjak na srednjoj vatri dok ne zavrije.
d) Vruću smjesu vrhnja prelijte preko komorača i krumpira u posudi za pečenje. Posolite i popaprite.
e) Po vrhu pospite naribani sir Gruyère.
f) Prekrijte posudu za pečenje folijom i pecite u prethodno zagrijanoj pećnici 45-50 minuta, odnosno dok krumpir ne omekša.
g) Uklonite foliju i pecite dodatnih 10-15 minuta, ili dok vrh ne porumeni i ne počne mjehurići.
h) Prije posluživanja ukrasite listićima svježeg timijana.

52. Pirjani komorač s limunom i češnjakom

SASTOJCI:
- 2 lukovice komorača, tanko narezane
- 2 žlice maslinovog ulja
- 2 češnja češnjaka, mljevena
- Korica i sok od 1 limuna
- Sol i papar, po ukusu
- Svježi peršin, nasjeckani (za ukras)

UPUTE:
a) Zagrijte maslinovo ulje u velikoj tavi na srednje jakoj vatri.
b) Dodajte tanko narezani komorač u tavu i pirjajte 8-10 minuta ili dok ne omekša i lagano se karamelizira.
c) Dodajte mljeveni češnjak u tavu i pirjajte još 1-2 minute ili dok ne zamiriše.
d) Umiješajte limunovu koricu i limunov sok. Začinite solju i paprom po ukusu.
e) Kuhajte još 1-2 minute pa maknite s vatre.
f) Pirjani komorač prebacite u zdjelu za posluživanje i prije posluživanja ukrasite nasjeckanim svježim peršinom.

53. Salata od komorača i naranče s rukolom

SASTOJCI:
- 2 lukovice komorača, tanko narezane
- 2 naranče oguljene i narezane na ploške
- 4 šalice mlade rikule
- 1/4 šalice nasjeckanih prženih oraha
- 2 žlice ekstra djevičanskog maslinovog ulja
- 1 žlica balzamičnog octa
- Sol i papar, po ukusu

UPUTE:
a) U velikoj zdjeli pomiješajte tanko narezani komorač, kriške naranče i rikulu.
b) U maloj posudi pomiješajte ekstra djevičansko maslinovo ulje i balzamični ocat kako biste napravili preljev. Začinite solju i paprom po ukusu.
c) Pokapajte preljev preko salate i lagano promiješajte da se prekrije.
d) Prije posluživanja salatu pospite prženim orasima.

54. Mješalica za prženje komorača i zelenog graha

SASTOJCI:
- 2 lukovice komorača, tanko narezane
- 2 šalice zelenog graha, orezanog i prepolovljenog
- 2 češnja češnjaka, mljevena
- 2 žlice soja umaka
- 1 žlica sezamovog ulja
- 1 žlica rižinog octa
- 1 žličica meda
- Sezamove sjemenke, za ukras
- Zeleni luk, tanko narezan, za ukras

UPUTE:
a) Zagrijte sezamovo ulje u velikoj tavi ili woku na srednje jakoj vatri.
b) U tavu dodajte tanko narezani komorač i mahune. Pržite uz miješanje 5-6 minuta ili dok povrće ne postane hrskavo.
c) Dodajte mljeveni češnjak u tavu i pržite uz miješanje još 1-2 minute ili dok ne zamiriše.
d) U maloj posudi pomiješajte sojin umak, rižin ocat i med. Prelijte umak preko povrća u tavi i promiješajte da se ravnomjerno prekrije.
e) Kuhajte još 1-2 minute pa maknite s vatre.
f) Premjestite prženi komorač i mahune u posudu za posluživanje. Prije posluživanja ukrasite sjemenkama sezama i sitno narezanim zelenim lukom.

55. Kremasta juha od komorača i krumpira

SASTOJCI:
- 2 lukovice komorača, tanko narezane
- 2 velika krumpira, oguljena i narezana na kockice
- 1 glavica luka nasjeckana
- 4 šalice juhe od povrća
- 1 šalica gustog vrhnja
- 2 žlice maslaca
- Sol i papar, po ukusu
- Svježi vlasac, nasjeckan, za ukras

UPUTE:
a) U velikom loncu otopite maslac na srednje jakoj vatri. Dodajte nasjeckani luk i kuhajte dok ne postane proziran.
b) U lonac dodajte tanko narezani komorač i krumpir narezan na kockice. Kuhajte 5 minuta uz povremeno miješanje.
c) Ulijte povrtnu juhu u lonac i zakuhajte. Smanjite vatru i kuhajte 20-25 minuta, ili dok krumpir ne omekša.
d) Uranjajućim blenderom izradite juhu u pire dok ne postane glatka. Alternativno, prebacite juhu u blender i miksajte u serijama dok ne postane glatka.
e) Umiješajte vrhnje i začinite solju i paprom po ukusu. Zagrijte, ali nemojte kuhati.
f) Krem juhu od komorača i krumpira ulijte u zdjelice. Prije posluživanja ukrasite nasjeckanim svježim vlascem.

56.Salata od komorača i radiča s vinogretom od citrusa

SASTOJCI:
- 2 lukovice komorača, tanko narezane
- 1 glavica radiča, tanko narezana
- 1 naranča, oguljena i izrezana na segmente
- 1 grejpfrut, oguljen i izrezan na segmente
- 1/4 šalice prženih pinjola
- 2 žlice ekstra djevičanskog maslinovog ulja
- 2 žlice bijelog vinskog octa
- 1 žličica meda
- Sol i papar, po ukusu

UPUTE:
a) U velikoj zdjeli pomiješajte tanko narezani komorač, radič, komadiće naranče i segmente grejpa.
b) U maloj posudi pomiješajte ekstra djevičansko maslinovo ulje, bijeli vinski ocat i med kako biste napravili vinaigrette. Začinite solju i paprom po ukusu.
c) Pokapajte vinaigrette preko salate i lagano promiješajte da se prekrije.
d) Prije posluživanja salatu pospite prženim pinjolima.

57.Pirjani komorač s češnjakom i limunom

SASTOJCI:
- 2 lukovice komorača, obrezane i narezane
- 2 češnja češnjaka, mljevena
- 1 limun, ocijeđen sok i korica
- 1/4 šalice juhe od povrća ili piletine
- 2 žlice maslinovog ulja
- Sol i papar, po ukusu
- Svježi peršin, nasjeckani (za ukras)

UPUTE:
a) Zagrijte maslinovo ulje u velikoj tavi na srednje jakoj vatri.
b) Dodajte narezani komorač u tavu i kuhajte 4-5 minuta dok ne počne omekšavati.
c) Dodajte mljeveni češnjak u tavu i kuhajte još 1-2 minute dok ne zamiriše.
d) Ulijte povrtnu ili pileću juhu, limunov sok i limunovu koricu. Začinite solju i paprom po ukusu.
e) Pokrijte tavu i pustite da se komorač pirja 10-12 minuta dok ne omekša, povremeno miješajući.
f) Nakon što komorač omekša i tekućina se smanji, maknite s vatre.
g) Prije posluživanja ukrasite nasjeckanim svježim peršinom.

58. Slat od komorača i mrkve s vinaigretom od jabučnog jabukovače

SASTOJCI:
- 2 lukovice komorača, tanko narezane
- 2 mrkve, juliened ili naribane
- 1 jabuka, juliened ili naribana
- 1/4 šalice nasjeckanog svježeg cilantra ili peršina
- 1/4 šalice jabučnog octa
- 2 žlice maslinovog ulja
- 1 žlica meda
- 1 žličica Dijon senfa
- Sol i papar, po ukusu

UPUTE:
a) U velikoj zdjeli pomiješajte tanko narezani komorač, mrkvu narezanu na julien, jabuku narezanu na julien i nasjeckani svježi cilantro ili peršin.
b) U maloj zdjeli pomiješajte jabučni ocat, maslinovo ulje, med, dijon senf, sol i papar kako biste napravili vinaigrette.
c) Prelijte vinaigrette preko smjese za slamke i lagano promiješajte da se prekrije.
d) Pustite slamu da se marinira u hladnjaku najmanje 30 minuta prije posluživanja kako bi se okusi stopili.
e) Poslužite ohlađeno kao osvježavajući prilog.

59.Salata od komorača i farroa s preljevom od limuna i trava

SASTOJCI:
- 1 šalica farroa, kuhanog
- 2 lukovice komorača, tanko narezane
- 1/2 šalice nasjeckanog svježeg peršina
- 1/4 šalice nasjeckane svježe metvice
- Korica i sok od 1 limuna
- 2 žlice ekstra djevičanskog maslinovog ulja
- Sol i papar, po ukusu

UPUTE:
a) U velikoj zdjeli pomiješajte kuhani farro, tanko narezan komorač, nasjeckani svježi peršin i nasjeckanu svježu metvicu.
b) U maloj posudi pomiješajte limunovu koricu, limunov sok, ekstra djevičansko maslinovo ulje, sol i papar kako biste napravili preljev.
c) Prelijte preljev preko salate i lagano promiješajte da se prekrije.
d) Salatu od komorača i farro poslužite na sobnoj temperaturi ili ohlađenu.

JUHE

60.Juha od komorača s jestivim cvijećem

SASTOJCI:
- 2 ljutike, sitno nasjeckane
- 2 režnja češnjaka, mljevena
- 3 komorača, narezana na četvrtine i kockice
- 200 grama škrobnog krumpira
- 2 žlice maslinovog ulja
- 800 mililitara juhe od povrća
- 100 mililitara šlaga
- 2 žlice Crème fraiche
- 2 centilitra vermuta
- sol
- svježe mljevene paprike
- 2 žlice nasjeckanog peršina
- Cvijet boražine za ukras

UPUTE:
a) Polovicu listova komorača sitno nasjeckajte, a ostatak ostavite sa strane.
b) Ogulite i narežite krumpir na kockice.
c) Zagrijte ulje u tavi, te propirjajte ljutiku i češnjak.
d) Dodajte komorač i kratko propirjajte. Dodajte juhu i krumpir i pustite da zavrije.
e) Smanjite vatru i ostavite da lagano krčka 20-25 minuta.
f) Propasirajte juhu pa dodajte vrhnje, creme fraiche, peršin i nasjeckane listove komorača.
g) Dodajte vermut, a zatim začinite po ukusu soljom i paprom.
h) Juhu ulijte u zdjelice, ukrasite preostalim listovima komorača i boražinom i poslužite.

61.Bouillabaisse od komorača od jastoga

SASTOJCI:
- 2 živa jastoga (oko 1,5 funti svaki)
- 2 žlice maslinovog ulja
- 1 luk, narezan na kockice
- 2 češnja češnjaka, mljevena
- 1 lukovica komorača, tanko narezana
- 1 crvena paprika, narezana na kockice
- 1 žuta paprika, narezana na kockice
- 1 konzerva (14 unci) rajčice narezane na kockice
- 2 šalice juhe od ribe ili plodova mora
- 1 šalica suhog bijelog vina
- 1 žličica suhe majčine dušice
- 1 žličica sušenog origana
- 1 list lovora
- Prstohvat niti šafrana
- Posolite i popaprite po ukusu
- Svježi peršin, nasjeckani (za ukras)
- Hrskavi kruh (za posluživanje)

UPUTE:
a) Jastoge pripremite tako da ih stavite u zamrzivač na 20-30 minuta. To će im pomoći da se umire prije kuhanja.
b) Napunite veliki lonac vodom i zakuhajte. Kipuću vodu posolite.
c) Pažljivo stavite jastoge u kipuću vodu i kuhajte oko 8-10 minuta, odnosno dok ljuske ne poprime jarkocrvenu boju.
d) Izvadite jastoge iz lonca i ostavite da se malo ohlade. Kad se ohladi, izvadite meso iz ljuski i narežite ga na komade veličine zalogaja. Staviti na stranu.
e) U velikom loncu za juhu ili u pećnici zagrijte maslinovo ulje na srednje jakoj vatri.
f) U lonac dodajte luk nasjeckan na kockice i nasjeckani češnjak. Pirjajte 2-3 minute dok luk ne postane proziran.
g) U lonac dodajte narezani komorač, crvenu i žutu papriku narezanu na kockice. Kuhajte još 3-4 minute dok povrće ne počne omekšavati.
h) Umiješajte rajčice narezane na kockice, juhu od ribe ili plodova mora i bijelo vino.
i) U lonac dodajte sušeni timijan, sušeni origano, lovorov list, niti šafrana, sol i papar. Promiješajte da se sjedini.
j) Zakuhajte smjesu, zatim smanjite vatru na nisku i pustite da lagano kuha oko 15-20 minuta kako bi se okusi razvili.
k) Dodajte meso jastoga u lonac i kuhajte još 5-8 minuta dok se jastog ne zagrije.
l) Kušajte i po potrebi prilagodite začine.
m) Rasipajte Lobster Bouillabaisse u zdjelice i ukrasite nasjeckanim svježim peršinom.
n) Poslužite s hrskavim kruhom sa strane za umakanje.

62. Talijanska pileća juha s raviolima

SASTOJCI:
- 1 žlica maslinovog ulja
- 1 zelena paprika, narezana na kockice
- 1 manja glavica luka nasjeckana
- 3 velika režnja češnjaka, nasjeckana
- 1 žlica sušenog bosiljka
- 2 žličice sjemena komorača
- ¼ žličice sušene mljevene crvene paprike
- 6 šalica konzervirane pileće juhe s malo soli
- 2 srednje tikvice, narezane na kockice
- 1 mrkva, narezana na kockice
- 1 paket raviola od svježeg sira od 9 unci
- 1 ½ šalice kuhane piletine narezane na kockice
- Naribani parmezan

UPUTE:
a) Zagrijte ulje u teškom velikom loncu na srednje jakoj vatri. Dodajte papriku, luk, češnjak, bosiljak, sjemenke komorača i mljevenu crvenu papriku i pirjajte dok povrće ne omekša, oko 10 minuta. Dodajte juhu.
b) Poklopite lonac i kuhajte 10 minuta. Dodajte tikvicu i mrkvu. Poklopite i pirjajte dok mrkva skoro ne omekša, oko 5 minuta. Pojačajte vatru i pustite da juha zavrije. Dodajte raviole i kuhajte dok ne omekšaju, oko 5 minuta. Dodajte piletinu i kuhajte samo dok se ne zagrije oko 1 minutu.
c) Juhu začinite solju i paprom po želji. Ulijte juhu u zdjelice. Poslužite, posebno propasirajte sir.

63. Riblji paprikaš s čilijem

SASTOJCI:
- 1 glavica luka nasjeckana
- 2 lukovice komorača, nasjeckane
- 1 crveni čili, sitno nasjeckan
- 1 limenka rajčica šljiva
- 6 žlica maslinovog ulja
- 1 žličica sjemenki komorača, samljevenog
- 2 češnja češnjaka, zgnječena
- 1 funta filea bijele ribe
- 3 unce prženih badema, mljevenih
- 3 unce temeljca od povrća
- ½ žličice slatke paprike u prahu
- 1 žlica svježeg lišća majčine dušice
- 1 žličica šafrana
- 3 lista svježeg lovora
- Kvinoja i proljetno zelje
- 1 limun, izrezan na kriške

UPUTE:
a) Na pari skuhajte luk, komorač, čili, zgnječene sjemenke komorača i češnjak.
b) Dodajte papriku, timijan, šafran, lovor i rajčice.
c) Zakuhajte s temeljcem od povrća.
d) Dodajte ribu/tofu u gulaš, zajedno s bademima.
e) Poslužite sa zelenilom, kvinojom i kriškama limuna.

64. Spirulina krem juha od cvjetače

SASTOJCI:
- 1 žlica sezamovog, kokosovog ili ulja od sjemenki grožđa
- ½ glavice žutog luka ili komorača
- 2 režnja češnjaka, mljevena
- 1 veća glavica cvjetače nasjeckana
- 1 litra juhe od povrća
- ¼ šalice sirovih, neslanih indijskih oraščića
- 1 žličica plave spiruline
- ½ žličice morske soli, plus još po ukusu
- 2 žlice sjemenki konoplje, za ukrašavanje

UPUTE:
a) U velikom loncu ili pećnici zagrijte ulje na srednje jakoj vatri. Dodajte luk i češnjak i pirjajte 3 minute dok blago ne smeđe. Dodajte cvjetaču i pirjajte još minutu.
b) Dodajte juhu od povrća i pojačajte vatru da zavrije. Nakon što zavrije, smanjite vatru i kuhajte nepoklopljeno dok cvjetača ne omekša, 20-30 minuta.
c) Maknite juhu s vatre i ohladite na toplu sobnu temperaturu. Premjestite juhu u blender s indijskim oraščićima i miksajte na visokoj razini dok ne postane glatka i kremasta, 1 minutu. Na kraju dodajte plavu spirulinu i kratko blendajte. Umiješajte sol po ukusu.
d) Poslužite preliveno sjemenkama konoplje.

65. Kremasta juha od komorača i krumpira

SASTOJCI:
- 2 lukovice komorača, nasjeckane
- 2 krumpira oguljena i narezana na kockice
- 1 glavica luka nasjeckana
- 2 češnja češnjaka, mljevena
- 4 šalice juhe od povrća
- 1 šalica gustog vrhnja
- 2 žlice maslinovog ulja
- Sol i papar, po ukusu
- Listići svježeg timijana, za ukras (po želji)

UPUTE:

a) Zagrijte maslinovo ulje u velikom loncu na srednje jakoj vatri. Dodajte nasjeckani luk i češnjak i pirjajte dok ne omekšaju, oko 5 minuta.

b) U lonac dodajte nasjeckani komorač i krumpir te pirjajte još 5 minuta.

c) Ulijte juhu od povrća i zakuhajte. Smanjite vatru, poklopite i pirjajte dok povrće ne omekša, oko 20 minuta.

d) Uranjajućim blenderom izradite juhu u pire dok ne postane glatka. Alternativno, prebacite juhu u serijama u blender i miksajte dok ne postane glatka.

e) Umiješajte vrhnje i začinite solju i paprom po ukusu. Zagrijte, ali nemojte kuhati.

f) Juhu razlijte u zdjelice, po želji ukrasite listićima svježeg timijana i poslužite vrućU.

66. Juha od komorača i poriluka sa začinskim krutonima

SASTOJCI:

- 2 lukovice komorača, nasjeckane
- 2 poriluka, samo bijeli i svijetlozeleni dio, narezana na ploške
- 2 krumpira oguljena i narezana na kockice
- 4 šalice juhe od povrća
- 1 šalica punomasnog mlijeka ili vrhnja
- 2 žlice maslaca
- Sol i papar, po ukusu
- Za krutone sa začinskim biljem:
- 4 kriške kruha, narezane na kockice
- 2 žlice maslinovog ulja
- 1 žličica suhe majčine dušice
- 1 žličica sušenog ružmarina
- Sol i papar, po ukusu

UPUTE:

a) U velikom loncu otopite maslac na srednje jakoj vatri. Dodajte nasjeckani komorač, narezani poriluk i krumpir narezan na kockice, te pirjajte dok ne omekša, oko 10 minuta.

b) Ulijte juhu od povrća i zakuhajte. Smanjite vatru, poklopite i pirjajte dok povrće ne omekša, oko 20 minuta.

c) U međuvremenu zagrijte pećnicu na 375°F (190°C). U zdjelu pomiješajte kockice kruha s maslinovim uljem, sušenom majčinom dušicom, sušenim ružmarinom, soli i paprom. Rasporedite začinjene kockice kruha na lim za pečenje i pecite dok ne porumene i ne postanu hrskavi, oko 10 minuta.

d) Uranjajućim blenderom izradite juhu u pire dok ne postane glatka. Alternativno, prebacite juhu u serijama u blender i miksajte dok ne postane glatka.

e) Umiješajte punomasno mlijeko ili vrhnje i začinite solju i paprom po ukusu. Zagrijte, ali nemojte kuhati.

f) Ulijte juhu u zdjelice, pospite je krutonima sa začinskim biljem i poslužite vruću.

67. Juha od komorača i mrkve s đumbirom

SASTOJCI:
- 2 lukovice komorača, nasjeckane
- 4 mrkve, oguljene i nasjeckane
- 1 glavica luka nasjeckana
- 2 češnja češnjaka, mljevena
- Komad svježeg đumbira od 1 inča, oguljen i samljeven
- 4 šalice juhe od povrća
- 1 šalica kokosovog mlijeka
- 2 žlice maslinovog ulja
- Sol i papar, po ukusu
- Svježi cilantro, nasjeckan, za ukras (po želji)

UPUTE:
a) U velikom loncu zagrijte maslinovo ulje na srednje jakoj vatri. Dodajte nasjeckani luk, nasjeckani češnjak i mljeveni đumbir i pirjajte dok ne omekša, oko 5 minuta.
b) U lonac dodajte nasjeckani komorač, nasjeckanu mrkvu i juhu od povrća. Zakuhajte, zatim smanjite vatru, poklopite i kuhajte dok povrće ne omekša, oko 20 minuta.
c) Uranjajućim blenderom izradite juhu u pire dok ne postane glatka. Alternativno, prebacite juhu u serijama u blender i miksajte dok ne postane glatka.
d) Umiješajte kokosovo mlijeko i začinite solju i paprom po ukusu. Zagrijte, ali nemojte kuhati.
e) Ulijte juhu u zdjelice, po želji ukrasite nasjeckanim svježim cilantrom i poslužite vruću.

68.Kremasta juha od komorača i krumpira

SASTOJCI:
- 2 lukovice komorača, tanko narezane
- 2 velika krumpira, oguljena i narezana na kockice
- 1 glavica luka nasjeckana
- 4 šalice juhe od povrća
- 1 šalica gustog vrhnja
- 2 žlice maslaca
- Sol i papar, po ukusu
- Svježi vlasac, nasjeckan, za ukras

UPUTE:
a) U velikom loncu otopite maslac na srednje jakoj vatri. Dodajte nasjeckani luk i kuhajte dok ne postane proziran.
b) U lonac dodajte tanko narezani komorač i krumpir narezan na kockice. Kuhajte 5 minuta uz povremeno miješanje.
c) Ulijte povrtnu juhu u lonac i zakuhajte. Smanjite vatru i kuhajte 20-25 minuta, ili dok krumpir ne omekša.
d) Uranjajućim blenderom izradite juhu u pire dok ne postane glatka. Alternativno, prebacite juhu u blender i miksajte u serijama dok ne postane glatka.
e) Umiješajte vrhnje i začinite solju i paprom po ukusu. Zagrijte, ali nemojte kuhati.
f) Krem juhu od komorača i krumpira ulijte u zdjelice. Prije posluživanja ukrasite nasjeckanim svježim vlascem.

69. Začinjena juha od komorača i leće

SASTOJCI:
- 2 lukovice komorača, nasjeckane
- 1 glavica luka nasjeckana
- 2 češnja češnjaka, mljevena
- 1 šalica sušene zelene leće, isprane
- 4 šalice juhe od povrća
- 1 žličica mljevenog kima
- 1/2 žličice mljevenog korijandera
- 1/4 žličice mljevene kurkume
- Sol i papar, po ukusu
- Svježi cilantro, nasjeckan, za ukras

UPUTE:
a) U velikom loncu zagrijte maslinovo ulje na srednje jakoj vatri. Dodajte nasjeckani luk i kuhajte dok ne postane proziran.
b) U lonac dodajte nasjeckane lukovice komorača i nasjeckani češnjak. Kuhajte 5 minuta uz povremeno miješanje.
c) U lonac dodajte sušenu zelenu leću, juhu od povrća, mljeveni kumin, mljeveni korijander i mljevenu kurkumu. Pustite da prokuha.
d) Smanjite vatru i kuhajte 20-25 minuta, ili dok leća ne omekša.
e) Začinite solju i paprom po ukusu.
f) U zdjelice razlijte začinjenu juhu od komorača i leće. Prije posluživanja ukrasite nasjeckanim svježim cilantrom.

70.Juha od komorača i rajčice s pestom od bosiljka

SASTOJCI:
- 2 lukovice komorača, nasjeckane
- 1 glavica luka nasjeckana
- 2 češnja češnjaka, mljevena
- 1 limenka (14 oz) rajčice narezane na kockice
- 4 šalice juhe od povrća
- 2 žlice maslinovog ulja
- Sol i papar, po ukusu
- Pesto od bosiljka, za posluživanje

UPUTE:
a) U velikom loncu zagrijte maslinovo ulje na srednje jakoj vatri. Dodajte nasjeckani luk i kuhajte dok ne postane proziran.
b) U lonac dodajte nasjeckane lukovice komorača i nasjeckani češnjak. Kuhajte 5 minuta uz povremeno miješanje.
c) U lonac dodajte rajčicu narezanu na kockice i juhu od povrća. Pustite da prokuha.
d) Smanjite vatru i kuhajte 20-25 minuta, ili dok komorač ne omekša.
e) Uranjajućim blenderom izradite juhu u pire dok ne postane glatka. Alternativno, prebacite juhu u blender i miksajte u serijama dok ne postane glatka.
f) Začinite solju i paprom po ukusu.
g) Rasipajte juhu od komorača i rajčice u zdjelice. Poslužite s malo pesta od bosiljka na vrhu.

SALATE

71. Salata od cikorije i citrusa s naribanim komoračem

SASTOJCI:
- 2 žlice crvenog vinskog octa
- Košer sol i svježe mljeveni crni papar
- 3 žlice ekstra djevičanskog maslinovog ulja, plus još za prelijevanje
- 1 manji crveni luk prepoloviti i narezati na tanke ploške
- 2 pupčane naranče
- Ljuskasta morska sol
- 1 šalica tanko narezane lukovice komorača
- ½ funte miješanih cikorija, obrezanih, listovi odvojeni i natrgani
- ½ šalice svježeg peršinovog lišća ravnog lista
- ¼ šalice pečenih neslanih pistacija, nasjeckanih

UPUTE:
a) Marinirajte luk. Stavite ocat u veliku zdjelu. Umiješajte 1 žličicu košer soli i ¼ žličice papra. Polako umiješajte žlice maslinovog ulja. Dodajte luk i promiješajte da se sjedini.
b) Ostavite sa strane 10 minuta da se marinira.
c) Pripremite naranče. Odrežite mali dio gornjeg i donjeg dijela naranči tako da mogu stajati ravno.
d) Oštrim nožem odrežite koru (uključujući srž), a zatim poprečno narežite naranče na kolutove debljine ¼ inča.
e) Rasporedite kriške naranče na veliki tanjur za posluživanje. Začinite sitnom soli.
f) Dovršite i poslužite salatu. Dodajte komorač, cikorije, peršin i pistacije u zdjelu luka. Lagano pokapajte maslinovim uljem i začinite solju i paprom. Promiješajte da se sjedini.
g) Rasporedite salatu po kriškama naranče i poslužite.

72.Salata od tune i bijelog graha

SASTOJCI:
- 2 (15 unci) limenke cannellina ili velikog sjevernog graha, isprane i ocijeđene
- 3 velike romske rajčice, očišćene od sjemenki i nasjeckane (oko 1 ½ šalice)
- ½ šalice nasjeckanog komorača, sačuvajte lisnate vrhove
- ⅓ šalice nasjeckanog crvenog luka
- ⅓ šalice naranče ili crvene paprike
- 1 žlica narezanih vrhova lišća komorača
- ¼ šalice ekstra djevičanskog maslinovog ulja (EVOO)
- 3 žlice bijelog vinskog octa
- 2 žlice soka od limuna
- ¼ žličice soli
- ¼ žličice papra
- 1 (6 unca) odrezak tune, izrezan na 1 inč debljine
- Sol
- Mljeveni crni papar
- 1 žlica EVOO
- 2 šalice natrgane miješane zelene salate
- Lisnati vrhovi komorača

UPUTE:
ZA SALATU:
a) U velikoj zdjeli pomiješajte mahune, rajčice, nasjeckani komorač, crveni luk, slatku papriku i nasjeckane vrhove komorača; Staviti na stranu.
b) Za vinaigrette:
c) U staklenku s poklopcem na navoj pomiješajte ¼ šalice EVOO, ocat, limunov sok, ¼ žličice soli i papra. Poklopiti i dobro protresti.
d) Prelijte dresing preko smjese graha; nježno baciti na kaput. Pustite da odstoji na sobnoj temperaturi 30 minuta.

ZA TUNU:
e) Tunu, ako koristite svježu, pospite solju i paprom; zagrijte 1 žlicu EVOO na srednje jakoj temperaturi.
f) Dodajte tunjevinu i kuhajte 8 do 12 minuta ili dok se riba lako ne ljušti vilicom, okrećući je jednom. Tunu izlomite na komade.
g) Dodajte tunjevinu u smjesu graha; baciti za kombiniranje.
h) Servirati:
i) Obložite pladanj za posluživanje zelenom salatom i žlicom dodajte mješavinu graha preko zelenila.
j) Po želji ukrasite dodatnim vrhovima komorača.

73.Salata od komorača od repe

SASTOJCI:
- 3 šalice nasjeckanog zelja
- ¼ lukovice komorača, narezanog na tanke ploške
- ½ šalice nasjeckanih kuhanih cvjetova brokule
- ½ šalice nasjeckane cikle
- 1 do 2 žlice ekstra djevičanskog maslinovog ulja
- Sok od ½ limuna

UPUTE:
a) U velikoj zdjeli pomiješajte zelje, komorač, brokulu i ciklu.
b) Prelijte maslinovim uljem i limunovim sokom.

74. Goji ljetna salata

SASTOJCI:
- 3 lukovice komorača
- 1 šaka nasjeckanih badema, tostiranih
- 2 naranče
- 2 prepune šalice rukole
- 1 šaka organskih goji bobica
- Maslinovo ulje, sol, papar

UPUTE:
a) Goji bobice stavite u zdjelu i prelijte vodom.
b) Tanko narežite komorač i stavite ga u posudu s ledenom vodom.
c) Suhe bademe prepecite u tavi dok ne porumene. Staviti na stranu.
d) Naranče ogulite i narežite na tanke ploške.
e) Koromač ocijedite i začinite himalajskom soli.
f) Goji bobice ocijedite i ostavite sa strane.
g) Posložite pladanj za posluživanje sljedećim redoslijedom: rukola, kriške naranče, komorač, goji bobice i na vrh stavite pržene bademe.
h) Začinite maslinovim uljem, posolite i popaprite po ukusu.

75.Salata od komorača i naranče s rukolom

SASTOJCI:
- 2 lukovice komorača, tanko narezane
- 2 naranče oguljene i narezane na ploške
- 4 šalice mlade rikule
- 1/4 šalice nasjeckanih prženih oraha
- 2 žlice ekstra djevičanskog maslinovog ulja
- 1 žlica balzamičnog octa
- Sol i papar, po ukusu

UPUTE:
a) U velikoj zdjeli pomiješajte tanko narezani komorač, kriške naranče i rikulu.
b) U maloj posudi pomiješajte ekstra djevičansko maslinovo ulje i balzamični ocat kako biste napravili preljev. Začinite solju i paprom po ukusu.
c) Pokapajte preljev preko salate i lagano promiješajte da se prekrije.
d) Prije posluživanja salatu pospite prženim orasima.

76.Salata od obrijanog komorača i jabuka

SASTOJCI:
- 2 lukovice komorača, tanko narezane
- 2 jabuke, tanko narezane
- 1/4 šalice nasjeckanog svježeg peršina
- Sok od 1 limuna
- 2 žlice meda
- 2 žlice ekstra djevičanskog maslinovog ulja
- Sol i papar, po ukusu

UPUTE:
a) U velikoj zdjeli pomiješajte tanko narezani komorač, narezane jabuke i nasjeckani svježi peršin.
b) U maloj posudi pomiješajte sok od limuna, med i ekstra djevičansko maslinovo ulje kako biste napravili preljev. Začinite solju i paprom po ukusu.
c) Pokapajte preljev preko salate i lagano promiješajte da se prekrije.
d) Naribanu salatu od komorača i jabuka poslužite odmah.

77. Salata od komorača, rotkvice i citrusa s mentom

SASTOJCI:
- 2 lukovice komorača, tanko narezane
- 4 rotkvice, tanko narezane
- 2 naranče oguljene i narezane na ploške
- 2 žlice nasjeckane svježe metvice
- 2 žlice ekstra djevičanskog maslinovog ulja
- 1 žlica bijelog vinskog octa
- Sol i papar, po ukusu

UPUTE:
a) U velikoj zdjeli pomiješajte tanko narezani komorač, narezane rotkvice, kriške naranče i nasjeckanu svježu metvicu.
b) U maloj posudi pomiješajte ekstra djevičansko maslinovo ulje i bijeli vinski ocat kako biste napravili preljev. Začinite solju i paprom po ukusu.
c) Pokapajte preljev preko salate i lagano promiješajte da se prekrije.
d) Salatu od komorača, rotkvice i citrusa poslužite odmah.

78.Salata od komorača, avokada i grejpa

SASTOJCI:
- 2 lukovice komorača, tanko narezane
- 1 avokado, narezan na kockice
- 1 grejpfrut, oguljen i izrezan na segmente
- 1/4 šalice prženih narezanih badema
- 2 žlice maka
- 2 žlice meda
- 2 žlice jabučnog octa
- 1/4 šalice ekstra djevičanskog maslinovog ulja
- Sol i papar, po ukusu

UPUTE:
a) U velikoj zdjeli pomiješajte tanko narezani komorač, avokado narezan na kockice, segmente grejpa i pržene narezane bademe.
b) U maloj zdjeli pomiješajte mak, med, jabučni ocat i ekstra djevičansko maslinovo ulje kako biste napravili preljev. Začinite solju i paprom po ukusu.
c) Pokapajte preljev preko salate i lagano promiješajte da se prekrije.
d) Salatu od komorača, avokada i grejpa poslužite odmah.

79.Salata od komorača, cikle i kozjeg sira

SASTOJCI:
- 2 lukovice komorača, tanko narezane
- 2 srednje cikle, pečene i tanko narezane
- 4 unce kozjeg sira, izmrvljenog
- 1/4 šalice nasjeckanih oraha, prženih
- 2 žlice balzamičnog octa
- 1/4 šalice ekstra djevičanskog maslinovog ulja
- Sol i papar, po ukusu

UPUTE:
a) U velikoj zdjeli pomiješajte tanko narezani komorač, pečenu i tanko narezanu ciklu, izmrvljeni kozji sir i pržene orahe.
b) U maloj posudi pomiješajte balzamični ocat i ekstra djevičansko maslinovo ulje kako biste napravili preljev. Začinite solju i paprom po ukusu.
c) Pokapajte preljev preko salate i lagano promiješajte da se prekrije.
d) Salatu od komorača, cikle i kozjeg sira poslužite odmah.

80. Salata od citrusnog komorača s preljevom od meda i limete

SASTOJCI:
- 2 lukovice komorača, tanko narezane
- 2 naranče oguljene i narezane na ploške
- 1 grejp, oguljen i narezan
- 1/4 šalice nasjeckanog svježeg cilantra
- Sok od 2 limete
- 2 žlice meda
- 2 žlice ekstra djevičanskog maslinovog ulja
- Sol i papar, po ukusu

UPUTE:
a) U velikoj zdjeli pomiješajte tanko narezani komorač, kriške naranče, kriške grejpa i nasjeckani svježi cilantro.
b) U maloj posudi pomiješajte sok limete, med i ekstra djevičansko maslinovo ulje kako biste napravili preljev. Začinite solju i paprom po ukusu.
c) Pokapajte preljev preko salate i lagano promiješajte da se prekrije.
d) Salatu od citrusnog komorača poslužite odmah.

81. Salata od komorača, nara i kvinoje

SASTOJCI:
- 2 lukovice komorača, tanko narezane
- 1 šalica kuhane kvinoje
- 1/2 šalice šipka
- 1/4 šalice nasjeckanog svježeg peršina
- 1/4 šalice tahinija
- Sok od 1 limuna
- 2 žlice vode
- 1 režanj češnjaka, samljeven
- Sol i papar, po ukusu

UPUTE:
a) U velikoj zdjeli pomiješajte tanko narezani komorač, kuhanu kvinoju, šipak i nasjeckani svježi peršin.
b) U maloj zdjeli pomiješajte tahini, limunov sok, vodu, mljeveni češnjak, sol i papar kako biste napravili preljev.
c) Pokapajte preljev preko salate i lagano promiješajte da se prekrije.
d) Salatu od komorača, nara i kvinoje poslužite odmah.

DESERT

82. Torta Tres Leches od komorača s ljetnim bobicama

SASTOJCI:
BISKVIT TORTA:
- 1 ½ šalice višenamjenskog brašna
- 1 žlica praška za pecivo
- 1 žličica cimeta
- ½ žličice sjemena komorača, tostiranog i mljevenog
- ½ žličice sjemena korijandera, tostiranog i mljevenog
- 6 bjelanjaka
- 1 žličica soli
- 1½ šalice granuliranog šećera
- 3 žumanjka
- 2½ žličice ekstrakta vanilije
- ½ šalice mlijeka
- 6 žlica mlijeka u prahu

TRES LECHES NAMAKANJE:
- 1 šalica punomasnog mlijeka
- 4 žlice mlijeka u prahu, tostirano (rezervirano iz recepta za biskvit)
- 12 unci limenke evaporiranog mlijeka
- 14 unci konzerviranog kondenziranog mlijeka

MACERIRANO BOBIČASTO VOĆE:
- ½ šalice vode
- ½ šalice šećera
- Listovi komorača iz 1 lukovice, podijeljeni
- 18 unci bobičastog voća po vašem izboru, podijeljeno na pola
- 1 žlica soka od limuna

ŠLAG:
- 1 šalica gustog vrhnja
- ½ šalice granuliranog šećera
- 2 žlice mlaćenice
- Prstohvat soli

UPUTE:
BISKVIT TORTA:

a) Tostirajte začine u pećnici zagrijanoj na 325 stupnjeva 8-10 minuta, a zatim ih sameljite pomoću mlinca za začine, mužara i tučka ili blendera.
b) Zagrijte pećnicu na 300 stupnjeva.
c) Dodajte 6 žlica mlijeka u prahu u vatrostalnu posudu i stavite je u pećnicu. Promiješajte i okrećite svakih 5 minuta dok prah ne dobije boju pijeska.
d) Pojačajte toplinu na 350 stupnjeva.
e) Obložite kalup za tortu 9 x 13 inča papirom za pečenje; dobro namažite pergament sprejom ili uljem.
f) Prosijte brašno, prašak za pecivo, cimet, komorač i korijander u veliku zdjelu za miješanje i umutite.
g) U zdjelu samostojećeg miksera stavite bjelanjke i sol te nastavkom za pjenjaču srednjom brzinom miješajte dok ne postane pjenasto. Nastavite tući dok ne postane pjenasto, a bjelanjci zadrže meke vrhove.
h) Polako uspite granulirani šećer u uključeni mikser i nastavite tući dok bjelanjci ne budu srednje visoki.
i) Dok mikser radi, dodajte jedan po jedan žumanjak, a zatim vaniliju, miksajući dok se ne sjedini.
j) U mlijeko umutiti 2 žlice prženog mlijeka u prahu. Ostatak mlijeka u prahu ostavite sa strane za kasniju upotrebu.
k) Izvadite meringue iz miksera i gumenom lopaticom umiješajte polovicu suhe smjese.
l) Ulijte polovicu mliječne smjese i nastavite savijati okrećući zdjelu i savijajući u smjeru kazaljke na satu od sredine prema rubu.
m) Dodajte preostale suhe sastojke i nastavite savijati. Dodajte preostalu mliječnu smjesu i miješajte dok se ne sjedini, pazeći da ne izmiješate previše.
n) Stavite tijesto u pripremljenu posudu i zagladite kutove pomoću lopatice.
o) Pecite 10-12 minuta, mijenjajući svakih 5 minuta kako biste osigurali ravnomjerno pečenje.

p) Izvadite iz pećnice kada kolač ravnomjerno porumeni, a rubovi se malo odmaknu od kalupa.
q) Ostavite da se ohladi na sobnoj temperaturi.

TRES LECHES NAMAKANJE:
r) U blender dodajte mlijeko, ostatak prženog mlijeka u prahu, evaporirano mlijeko i kondenzirano mlijeko. Pomiješajte za ugradnju.
s) Prelijte tortu i ohladite natopljenu tortu do posluživanja.

MACERIRANO BOBIČASTO VOĆE:
t) U loncu zakuhajte vodu pa dodajte šećer. Umutiti da se sjedini.
u) Dodajte veliku šaku svijetlozelenih listova komorača, a malo ostavite za ukras. Maknite s vatre i pustite da se sirup ulije dok se ne ohladi na sobnu temperaturu.
v) Sirup procijediti.
w) Oko 30 minuta prije posluživanja macerirajte polovicu bobičastog voća u sirupu i soku od limuna. Preostale bobice ostavite za ukras.

ŠLAG:
x) U samostojeći mikser s nastavkom za pjenjaču dodajte gusto vrhnje, šećer, mlaćenicu i sol i miješajte srednjom brzinom dok se ne formiraju srednji vrhovi.
y) Stavite u hladnjak do posluživanja.

SKUPŠTINA:
z) Tres leches tortu narežite na kriške. Svaku krišku premažite šlagom, a zatim ukrasite svježim bobičastim voćem, maceriranim bobičastim voćem i listovima komorača.

83.Sufle od pečene kruške i plavog sira

SASTOJCI:
- Šaka suhih krušnih mrvica
- 2 čvrste desertne kruške, 1 oguljena, 1 neoguljena, narezana na četvrtine
- 50g maslaca
- 2 žličice mekog smeđeg šećera
- 4 svježe grančice timijana, plus 2 dodatne
- Dimljena sol
- 1½ žlice glatkog brašna
- 125 ml punomasnog mlijeka, zagrijanog
- 2 velika jaja iz slobodnog uzgoja, odvojena
- 75 g kremastog plavog sira, izmrvljenog

ZA GORKU LISNU SALATU
- 1 radič, odvojeni listovi
- ½ lukovice komorača, tanko narezane
- Šaka listova potočarke i rukole
- Šaka oraha, grubo nasjeckanih

ZA PRELJEV
- 1½ žlice ekstra djevičanskog maslinovog ulja
- 1 žličica Dijon senfa
- 2 žličice bijelog vinskog octa

UPUTE:
a) U podmazanu posudu za pečenje pospite krušne mrvice, okrećite je da premažete unutrašnjost. Zagrijte pećnicu na 200°C.
b) Sve kriške kruške stavite u tavu na jaku vatru s 25 g maslaca, šećerom, malo vode i majčinom dušicom.
c) Pustite da zakipi, zatim lagano smanjite vatru i kuhajte 15-20 minuta ili dok ne omekša i karamelizira se.
d) Začinite dimljenom soli i mljevenim crnim paprom. Ostavite sa strane da se malo ohladi.
e) Za to vrijeme u tavi zagrijte preostali maslac. Kad zapjeni umiješajte brašno i kuhajte 3-4 minute miješajući kuhačom dok ne zamiriše biskvit.
f) Skinite posudu s vatre i tucite toplo mlijeko dok smjesa ne postane glatka. Lagano pirjajte 3-4 minute, miješajući dok ne postane glatka i gusta.
g) Maknite tavu s vatre i umiješajte žumanjke i pola plavog sira. Stavite pola krušaka u pripremljenu posudu.
h) U čistoj posudi za miješanje električnom ručnom miješalicom umutite bjelanjke dok ne zadrže srednje čvrst snijeg.
i) Umiješajte 1 žlicu bjelanjka u smjesu žumanjaka da olabavite, zatim lagano, ali žustro umiješajte ostatak metalnom žlicom.
j) Izlijte u posudu i pospite preostalim sirom.
k) Pecite 18-20 minuta dok se ne napuhnu, ali uz lagano ljuljanje.
l) U međuvremenu pomiješajte sastojke salate s preostalim kruškama.
m) Umutiti sastojke za preljev, pokapati po salati i začiniti crnim paprom.
n) Poslužite soufflé odmah, posipan timijanom, zajedno sa salatom i hrskavim kruhom ako želite.

84. Sorbet od komorača i naranče

SASTOJCI:
- 2 šalice vode
- 1 šalica granuliranog šećera
- 2 lukovice komorača, tanko narezane
- Korica i sok od 2 naranče

UPUTE:
a) U loncu pomiješajte vodu i šećer. Zagrijte na srednjoj vatri, miješajući dok se šećer ne otopi.
b) Dodajte narezane lukovice komorača u lonac i zakuhajte smjesu. Pirjajte oko 5 minuta.
c) Maknite lonac s vatre i umiješajte narančinu koricu i sok.
d) Ostavite smjesu da se ohladi na sobnoj temperaturi, a zatim je prebacite u blender. Miješajte dok ne postane glatko.
e) Procijedite smjesu kroz fino sito kako biste uklonili sve krutine.
f) Procijeđenu smjesu ulijte u aparat za sladoled i mućkajte prema uputama proizvođača dok ne dobijete konzistenciju sorbeta.
g) Prebacite sorbet u posudu i zamrznite najmanje 4 sata prije posluživanja.

85. Panna cotta od komorača i meda

SASTOJCI:
- 2 šalice gustog vrhnja
- 1/4 šalice meda
- 2 žličice želatine u prahu
- 2 žlice vode
- 1 lukovica komorača, tanko narezana

UPUTE:
a) U loncu zagrijte vrhnje i med na srednjoj vatri dok ne počne ključati, povremeno miješajući.
b) U maloj posudi pospite želatinu u prahu vodom i ostavite nekoliko minuta da procvate.
c) Dodajte tanko narezanu glavicu komorača u smjesu vrhnja i pirjajte oko 5 minuta.
d) Maknite lonac s vatre i procijedite kriške komorača.
e) Vratite smjesu vrhnja u lonac i umiješajte napuhanu želatinu dok se potpuno ne otopi.
f) Podijelite smjesu u čaše za posluživanje ili ramekine i ostavite u hladnjaku najmanje 4 sata ili dok se ne stegne.
g) Poslužite panna cottu ohlađenu, po želji ukrašenu listićima komorača.

86. Kolačići od prhkog tijesta od komorača i limuna

SASTOJCI:
- 1 šalica neslanog maslaca, omekšalog
- 1/2 šalice granuliranog šećera
- 2 šalice višenamjenskog brašna
- Korica od 1 limuna
- 2 žličice sitno nasjeckanih sjemenki komorača

UPUTE:
a) Zagrijte pećnicu na 350°F (175°C) i obložite lim za pečenje papirom za pečenje.
b) U velikoj zdjeli za miješanje umutite omekšali maslac i granulirani šećer dok ne postane svijetlo i pjenasto.
c) U zdjelu dodajte brašno, koricu limuna i sitno nasjeckane sjemenke komorača. Miješajte dok se ne formira tijesto.
d) Razvaljajte tijesto na pobrašnjenoj površini na oko 1/4 inča debljine. Kalupima za kekse izrežite željene oblike.
e) Stavite kolačiće na pripremljeni lim za pečenje i pecite u prethodno zagrijanoj pećnici 10-12 minuta ili dok rubovi ne porumene.
f) Ostavite kolačiće da se ohlade na limu za pečenje nekoliko minuta prije nego što ih prebacite na rešetku da se potpuno ohlade.
g) Kada se ohlade, kolačići su spremni za posluživanje i uživajte!

87.Torta od komorača i badema

SASTOJCI:
- 1 šalica višenamjenskog brašna
- 1 žličica praška za pecivo
- 1/4 žličice soli
- 1/2 šalice neslanog maslaca, omekšalog
- 1/2 šalice granuliranog šećera
- 2 velika jaja
- 1/4 šalice mlijeka
- 1/2 žličice ekstrakta badema
- 1 lukovica komorača, sitno naribana
- 1/4 šalice narezanih badema
- Šećer u prahu, za posipanje (po želji)

UPUTE:
a) Zagrijte pećnicu na 350°F (175°C) i namastite okrugli kalup za torte od 9 inča.
b) U srednjoj posudi pomiješajte višenamjensko brašno, prašak za pecivo i sol. Staviti na stranu.
c) U velikoj zdjeli za miješanje umutite omekšali maslac i granulirani šećer dok ne postane svijetlo i pjenasto.
d) Tucite jaja, jedno po jedno, dok se dobro ne sjedine. Umiješajte ekstrakt badema.
e) Postupno dodajte suhe sastojke mokrim sastojcima, naizmjenično s mlijekom, i miješajte dok se ne sjedine.
f) Ubacite sitno naribanu glavicu komorača dok se ravnomjerno ne rasporedi po tijestu.
g) Ulijte tijesto u pripremljeni kalup za tortu i zagladite vrh lopaticom. Po vrhu ravnomjerno pospite narezane bademe.
h) Pecite u prethodno zagrijanoj pećnici 30-35 minuta ili dok čačkalica zabodena u sredinu ne izađe čista.
i) Pustite kolač da se ohladi u kalupu 10 minuta, a zatim ga prebacite na rešetku da se potpuno ohladi.
j) Kada se ohladi, pospite vrh kolača šećerom u prahu prije rezanja i posluživanja.

ZAČINI

88. Ukiseljeni šipak, komorač i krastavac

SASTOJCI:
- ½ šalice jabučnog octa
- 1 žlica agavinog sirupa
- ¼ žličice fine morske soli
- 1 čajna žličica zgnječenih cijelih sjemenki korijandera
- 1 grančica svježeg ružmarina
- ½ šalice tanko narezanog crvenog luka
- ¾ šalice engleskog krastavca, narezanog na štapiće veličine ¼ inča x 1 inča
- ½ šalice narezanog komorača
- 1 šalica POM nara Arils

UPUTE:
a) Pomiješajte jabučni ocat, agavin sirup, sol, zgnječene sjemenke korijandera i ružmarin u posudi za miješanje. Promiješajte smjesu, žlicom lagano zgnječite ružmarin.
b) Dodajte povrće i POM nar Arils u zdjelu, miješajući kako biste ih prekrili tekućinom za kiseljenje. Ostavite smjesu da odstoji 15 do 20 minuta, povremeno miješajući.
c) Ukiseljena smjesa može stajati u hladnjaku do tjedan dana. Poslužite uz krekere ili crostine uz sir.

89. Kiseli krastavac od komorača i manga

SASTOJCI:

- 2 šalice sirovog manga, oguljenog i narezanog na kockice
- ½ šalice ulja gorušice
- 1 žlica sjemenki gorušice
- 1 žličica sjemenki piskavice
- 1 žličica sjemenki komorača
- 1 žličica kurkume
- 1 žlica crvenog čilija u prahu
- 1 žlica soli
- 1 žlica jaggera (po želji, za slatko)

UPUTE:

a) Zagrijte ulje gorušice dok se ne zadimi, zatim ostavite da se malo ohladi.

b) U tavi ispecite sjemenke gorušice, sjemenke piskavice i sjemenke komorača dok ne zamirišu. Samljeti ih u grubi prah.

c) Pomiješajte mljeveni začin u prahu s kurkumom, crvenim čilijem u prahu, soli i jaggerom.

d) U zdjeli pomiješajte sirovi mango narezan na kockice sa mješavinom začina.

e) Lagano ohlađeno ulje senfa prelijte preko smjese manga i dobro promiješajte.

f) Mango turšiju prebacite u čiste staklenke, dobro zatvorite i ostavite da odstoji nekoliko dana prije posluživanja.

90.Komorač Ananas Kiseli krastavac

SASTOJCI:
- 2 šalice ananasa, narezanog na kockice
- ½ šalice bijelog octa
- ½ šalice šećera
- 1 žličica sjemena gorušice
- 1 žličica sjemenki komorača
- 1 žličica pahuljica crvenog čilija
- ½ žličice kurkume
- ½ žličice crne soli

UPUTE:
a) U loncu pomiješajte bijeli ocat, šećer, sjemenke gorušice, sjemenke komorača, pahuljice crvenog čilija, kurkumu i crnu sol. Zagrijte dok se šećer ne otopi.
b) U lonac dodajte ananas narezan na kockice i pirjajte dok ananas malo ne omekša.
c) Pustite slatki i ljuti kiseli krastavac od ananasa da se ohladi prije nego što ga prebacite u čiste staklenke. Zatvorite i ohladite.
d) Ovaj kiseli krastavac ukusan je prilog mesu s roštilja, a može se uživati i sam.

91. Kivi i kiseli krastavac od komorača

SASTOJCI:
- 4-5 zrelih kivija, oguljenih i narezanih na kockice
- 1 žlica sjemenki gorušice
- 1 žličica sjemenki komorača
- 1 žličica sjemenki kumina
- ½ žličice kurkume u prahu
- ½ žličice crvenog čilija u prahu (po želji)
- 1 žlica đumbira, sitno nasjeckanog
- 2-3 češnja češnjaka, nasjeckana
- ½ šalice bijelog octa
- 2 žlice šećera
- Posolite po ukusu
- 2 žlice biljnog ulja

UPUTE:
a) Kivi ogulite i narežite na male komadiće veličine zalogaja.
b) U manjoj tavi popržite sjemenke gorušice, sjemenke komorača i kima dok ne puste svoju aromu. Samljeti ih u grubi prah.
c) U loncu zagrijte biljno ulje na srednje jakoj vatri. Dodajte nasjeckani đumbir i nasjeckani češnjak. Pirjajte dok ne zamiriše.
d) Dodajte mljevene začine u prahu, kurkumu u prahu i crveni čili u prahu. Dobro promiješajte da se sjedini.
e) U smjesu začina dodajte kivi narezan na kockice. Lagano promiješajte da se kivi prekrije začinima.
f) Ulijte bijeli ocat i dodajte šećer. Dobro promiješajte i ostavite da se kuha oko 5-7 minuta dok kivi malo ne omekša.
g) Kušajte kiseli krastavac i prilagodite sol i šećer prema svojim željama. Pirjajte još nekoliko minuta dok se okusi ne prožmu.
h) Pustite da se kivi potpuno ohladi prije nego što ga prebacite u čistu, hermetički zatvorenu staklenku. Prije konzumiranja hladiti barem nekoliko sati.

92. Chutney od komorača i jabuke

SASTOJCI:
- 2 lukovice komorača, sitno narezane na kockice
- 2 jabuke, oguljene, očišćene od koštice i sitno narezane na kockice
- 1 glavica luka sitno nasjeckana
- 1/2 šalice jabučnog octa
- 1/4 šalice smeđeg šećera
- 1/4 šalice grožđica
- 1 žličica mljevenog đumbira
- 1/2 žličice mljevenog cimeta
- 1/4 žličice mljevenog klinčića
- Sol, po ukusu

UPUTE:
a) U loncu pomiješajte sve sastojke na srednjoj vatri.
b) Neka smjesa zakuha, a zatim smanjite vatru na nisku.
c) Pustite da se ajvar kuha uz povremeno miješanje dok se ne zgusne i dok se okusi ne stope, oko 30-40 minuta.
d) Kada chutney dobije željenu gustoću, maknite ga s vatre i ostavite da se potpuno ohladi.
e) Chutney prebacite u sterilizirane staklenke i čuvajte u hladnjaku. Može se čuvati nekoliko tjedana.

93. Marmelada od komorača i naranče

SASTOJCI:
- 2 lukovice komorača, tanko narezane
- 2 naranče, korica i sok
- 1 limun, korica i sok
- 2 šalice granuliranog šećera
- 1/2 šalice vode

UPUTE:
a) U velikom loncu pomiješajte narezani komorač, narančinu koricu i sok, limunovu koricu i sok, šećer i vodu.
b) Pustite smjesu da zavrije na srednje jakoj vatri, zatim smanjite vatru na nisku i kuhajte oko 1 sat, povremeno miješajući.
c) Nastavite kuhati dok se smjesa ne zgusne i dobije željenu gustoću.
d) Kada je marmelada gotova, maknite je s vatre i ostavite da se malo ohladi.
e) Prebacite marmeladu u sterilizirane staklenke i dobro zatvorite. Ostavite da se potpuno ohladi prije spremanja u hladnjak. Može se čuvati nekoliko mjeseci.

94.Zalogaj od komorača i senfa

SASTOJCI:
- 2 lukovice komorača, sitno nasjeckane
- 1/2 šalice sjemenki gorušice
- 1/4 šalice bijelog vinskog octa
- 2 žlice meda
- 1 žličica mljevene kurkume
- Sol, po ukusu

UPUTE:
a) U suhoj tavi tostirajte sjemenke gorušice na srednjoj vatri dok ne zamirišu, oko 2-3 minute.
b) U loncu pomiješajte nasjeckani komorač, pržene sjemenke gorušice, bijeli vinski ocat, med, mljevenu kurkumu i sol.
c) Zakuhajte smjesu, zatim smanjite vatru i kuhajte oko 20-25 minuta, ili dok komorač ne omekša i smjesa se zgusne.
d) Relish maknite s vatre i ostavite da se potpuno ohladi.
e) Relish prebacite u sterilizirane staklenke i čuvajte u hladnjaku. Može se čuvati nekoliko tjedana.

PIĆA

95. Limunada od malina i komorača

SASTOJCI:
- 8 unci vode
- 8 unci malina + dodatno za ukrašavanje
- 4 žlice šećera
- 1 žličica sjemenki komorača
- sok od 2 limuna
- ohlađena voda

UPUTE:
a) U loncu ili loncu pomiješajte maline sa šećerom, sjemenkama komorača i vodom te prokuhajte na umjerenoj vatri.
b) Kuhajte dok maline ne postanu kašaste.
c) Ostavite da se ohladi na sobnu temperaturu.
d) Pomiješajte smjesu od malina u glatku kašu. Procijedite i umiješajte limunov sok.
e) Poslužite preliveno ohlađenom vodom.
f) Ukrasite odvojenim malinama.

96. Ruža, dinja i koromač za osvježenje

SASTOJCI:
- 1 šalica komada dinje
- 1 žlica estragona
- Jestive latice ruže
- 2 litre filtrirane vode
- ½ lukovice komorača, tanko narezane

UPUTE:
a) Stavite sastojke u staklenu bocu.
b) Ostavite u hladnjaku nekoliko sati da se strmi.

97. Čaj od kamilice i komorača

SASTOJCI:
- 1 žličica cvjetova kamilice
- 1 žličica sjemenki komorača
- 1 žličica livadnice
- 1 žličica sitno nasjeckanog korijena bijelog sljeza
- 1 žličica stolisnika

UPUTE:
a) Začinsko bilje stavite u čajnik.
b) Prokuhajte vodu i dodajte u čajnik.
c) Pustite da se ulije 5 minuta i poslužite.
d) Pijte 1 šalicu infuzije 3 puta dnevno.

98. Kombucha od naranče i komorača

SASTOJCI:
- 16 šalica kombuche crnog čaja
- 4 žlice sjemenki komorača
- 3 žlice kandiranog đumbira, mljevenog
- 1 žlica sušene narančine kore

UPUTE:
a) U staklenku veličine galona dodajte kombuchu, sjemenke komorača, kandirani đumbir i suhu koricu naranče.
b) Čvrsto pokrijte staklenku i ostavite arome na sobnoj temperaturi 24 sata.
c) Procijedite kombuchu kako biste uklonili začinsko bilje.
d) Pomoću lijevka ulijte kombuchu u boce ostavljajući centimetar slobodnog prostora u uskom grlu. Začepite boce i stavite ih na toplo mjesto, oko 72°F, da fermentiraju 48 sati.
e) Stavite 1 bocu u hladnjak na 6 sati, dok se potpuno ne ohladi.
f) Otvorite bocu i kušajte kombuchu. Ako je pjenušavo na vaše zadovoljstvo, ohladite sve boce kako biste zaustavili fermentaciju.
g) Nakon što postignete željenu pjenušavost i slatkoću, ohladite sve boce kako biste zaustavili fermentaciju.
h) Procijedite prije posluživanja kako biste uklonili niti kvasca i aromatiziranu pulpu.

99. Čaj od sjemenki lavande i komorača

SASTOJCI:
- 1 šalica vode
- ½ t žličice pupoljaka lavande
- nekoliko suhih ružinih latica
- 10-12 listova mente
- ½ t žličice sjemena komorača

UPUTE:
a) Zagrijte vodu u kuhalu za vodu ili tavi dok ne počne ključati.
b) Dodajte pupoljke lavande, latice ruže, sjemenke komorača i listiće mente u prešu za kavu.
c) Dodajte vruću vodu.
d) Ostavite smjesu da se ulije 4 minute.
e) Pritisnite klip prema dolje.
f) Čaj poslužite u šalici.

100. Karminativni čaj od sjemenki komorača

SASTOJCI:
- 1 šalica vode
- 1 žlica sjemenki komorača

UPUTE:
a) Zakuhajte vodu i sjemenke komorača .
b) Pustite da odstoji 15 minuta .

ZAKLJUČAK

Dok završavamo naše putovanje kroz svijet komorača, nadam se da vas je ova kuharica nadahnula da istražite okus i svestranost ovog podcijenjenog sastojka u vlastitoj kuhinji. " Ultimativna Kuharica Od Koromača " izrađena je sa strašću za slavljenje jedinstvenog okusa i kulinarskog potencijala komorača, nudeći raznolik niz recepata za svako nepce i priliku.

Hvala vam što ste mi se pridružili u ovoj kulinarskoj avanturi. Neka vaša kuhinja bude ispunjena divnim mirisom pečenog komorača, osvježavajućim hrskanjem salata od naribanog komorača i ukusnim glavnim jelima s komoračem. Bilo da uključujete komorač u klasične recepte ili eksperimentirate s novim kulinarskim kreacijama, neka svaki zalogaj bude proslava slasti ovog svestranog i aromatičnog sastojka.

Do ponovnog susreta, sretno kuhanje i neka vaše kulinarske avanture nastave nadahnjivati i oduševljavati. Živjeli u prekrasnom svijetu komorača i beskrajnih mogućnosti koje donosi na naše stolove!

www.ingramcontent.com/pod-product-compliance
Lightning Source LLC
Chambersburg PA
CBHW071326110526
44591CB00010B/1036